キヅカイのケンチク

Expectation to wooden archtecture

Hirofumi SUGIMOTO

Tokai University press , 2017
Printed in Japan
ISBN 978-4-486-02117-9

キヅカイのケンチク

杉本洋文

東海大学出版部

目次
Contents

- 0 はじめに ——————————————————— 4
- 1 木造建築との出会い ——————————————— 9
    - 1-1 祖父の実家の体験　　　　　　　　　　　10
    - 1-2 私が暮らした三つの家　　　　　　　　　11
    - 1-3 木造建築との出会い　　　　　　　　　　12
    - 1-4 「寿裡庵」との出会い　　　　　　　　　13
    - 1-5 森林・林業との出会い　　　　　　　　　14
- 2 自然資源を活用する時代へ ————————————— 15
    - 2-1 林業の現場に出向く　　　　　　　　　　18
    - 2-2 木材の流通の課題　　　　　　　　　　　19
    - 2-3 柔らかい木の技術　　　　　　　　　　　20
    - 2-4 地域環境圏からの地域創造へ　　　　　　21
    - 2-5 木材流通の再構築　　　　　　　　　　　22
    - 2-6 木のなりわい循環を再生　　　　　　　　25
    - 2-7 竹資源の活用　　　　　　　　　　　　　26
- 3 木造建築の魅力と可能性 ——————————————— 33
    - 3-1 木造建築の現状　　　　　　　　　　　　34
    - 3-2 海外の木造建築の現状　　　　　　　　　35
    - 3-3 北米の場合　　　　　　　　　　　　　　36
    - 3-4 欧州の場合　　　　　　　　　　　　　　42
- 4 木造建築のデザインを考える ————————————— 47
    - 4-1 公共建築の木造化を考える　　　　　　　48
    - 4-2 森林資源を活用する木材活用　　　　　　48
    - 4-3 公共建築の木造化の背景　　　　　　　　49
    - 4-4 現代の木造建築のデザイン　　　　　　　51
    - 4-5 現代の木造建築は、環境・芸術・技術の
        　　　統合によって創造される　　　　　　　53

5 木造建築の設計 ——————————— 55
- 5−1 計画着手前の情報収集 　56
- 5−2 木造建築の木質構造 　58
- 5−3 材料の入手ルート 　60
- 5−4 材料の製作期間 　61
- 5−5 木造建築物にかかわるコスト 　62
- 5−6 今後に向けて 　63

6 木造建築の未来 ——————————— 67
- 6−1 変幻自在な木造建築 　68
- 6−2 木造建築の未来 　70
- 6−3 「都市木造」の時代へ 　73
- 6−4 木造建築は時代の鏡である 　74

7 私が手がけた建築（作品目次） ——————————— 76
- 7−01 塔の建築 　78
- 7−02 折る建築 　88
- 7−03 丸太の建築 　102
- 7−04 大伽藍の建築 　116
- 7−05 音の建築 　134
- 7−06 舟の建築 　148
- 7−07 景の建築 　158
- 7−08 複合の建築 　174
- 7−09 束の建築 　184
- 7−10 住の建築 　206
- 7−11 多層の建築 　224
- 7−12 装の建築 　234
- 7−13 急の建築 　240
- 7−14 復興の建築 　252
- 7−15 竹の建築 　264

8 最後に ——————————— 268

付録 ——————————— 272
作品年表・スペックリスト

0 はじめに

　この本は、私がこれまで手掛けてきた木造建築で考えてきたこと、実現させてきたことについて、一つひとつの作品を振り返りながら、木造建築の魅力と可能性についてまとめたものです。木造建築は、日本が世界に誇る伝統的な技術であり文化でもあります。建築の専門家ばかりではなく、多くの方々にお読みいただき、「キヅカイのケンチク／木づかいの建築」を身近に感じていただければ幸いです。

　2011年3月11日に発生した東日本大震災の津波は、膨大な時間と資金が掛けられた建築や街を一瞬のうちに呑み込んでしまいした。これまで、1993年7月12日の北海道南西沖地震、1995年1月17日の阪神淡路大震災、2000年10月6日鳥取県西部地震、2004年10月23日の新潟県中越地震、そして2011年3月11日の東日本大震災と続き、執筆中の2016年4月14日の熊本地震、2016年10月の鳥取中部地震と、日本列島各地で大きな地震が多発しており、加えて台風や竜巻などの被害も毎年のように発生しています。こうした大自然の驚異の前に、私たちは何もできず、ただ絶望の淵に立たされてしまいます。しかし、日本の歴史を振り返れば、こうした大きな災害に幾度もみまわれながらも、その度に力強く立ち上がり、新たな社会を築いてきたのも事実です。いま、日本社会で起きているこうした自然災害によるパラダイムシフトは、後世からは大きな転換点と認識されることでしょう。これは最近になって「レジリエンス（Resilience）」という言葉で表されるようになりました。変化する状況や予期せぬ出来事に対する適応を示し、自然災害に対する回復力や弾力性という意味で用いられています。非常時や復興時だけではなく、平常時から災害への対応に備えてゆく社会デザインが求められています。

　東日本大震災は特に大きなインパクトを日本社会に与えました。東北復興は、被災地域が広範囲に及んでいるために困難を極め、新たなまちづくりの考え方を導入しなければ再興することは困難であると思います。そこで私が注目するのが、わが国に豊富に蓄積され続けている森林資源と、その資源を守る多様な産業、そして木造建築なのです。

　近年、木材やその活用に関する研究、新たな木造技術の開発や実践が積み重ねられ、国の政策も大きく舵を切ったことで、公共施設における構造部材として「木材」の選択肢がようやく開けてきました。そうした機運をつくり出すきっかけになったのが、1987年の日米構造協議での規制緩和です。構造計算による確認を前提に、軒高9m、最高高さ13m以下、延べ床面積3,000㎡以下の木造建築が建設可能になった

のです。次いで 2000 年に行われた建築基準法改正に伴う性能規定化によって、木造建築でも所定の性能を確保することで、耐火建築物として整備することも可能になりました。それから 10 年後、2010 年 10 月 1 日には、林野庁と国土交通省が手を組んで「公共建築物等における木材の利用促進に関する法律（木材利用促進法）」が施行され、基本的に 4 階までの低層の公共建築物を木造化、あるいは木質化を図ることによって、森林・林業の再生を目標に、木材の利活用を促進することになりました。（「木造化」とは、主要構造部材に木材を使うことを意味し、「木質化」とは、木造以外の構造の建築でも内装に木を使うことを意味しています。）

　国土交通省は、日本の木造建築に係る研究者や専門家を一堂に集めて「木造計画・設計基準検討会」を設置し、2012 年 5 月 10 日に「木造計画・設計基準」を公開。引き続き、「木造耐火建築物の整備手法の検討会」を設置し、2013 年 3 月 29 日には「官庁施設における木造耐火建築物の整備指針」が発表されました。その後も研究が重ねられ、成果が加えられています。

　建築、特に公共建築は多くの人々が使うためのものであるため、安全性が大切であり、さまざまな法制度に守られています。しかし、木造建築の技術革新が進むことによって規制が緩和され、公共施設の木造化もようやく制度や考え方が整理され、木造建築が加速される環境が整ってきました。一方、世界有数の森林国家で、豊富な森林資源が毎年蓄積されているにもかかわらず、木材の供給面は、まだまだ充分とは言えません。国産材の利用が 30％に満たない原因として、これまで流通の課題が指摘されてきましたが、抜本的な改善は進められてきませんでした。市場価格が安いから山から切り出せない、木材が出てこないから外材に頼ってしまうなど、"卵と鳥"の議論を延々と繰り返してきました。官民共同の供給体制の再編が急がれます。公的資金を導入してでも木材流通を活性化させ、流通ルートを整備し、良質な木材がいつでも手に入るような体制づくりを目指すべきであり、この好機を活かし、公・民・学が協働する体制のもとで木材関連業界は一体となって取り組むべきであると思います。

　東北復興は、域外からの支援策が必要な状況が続いています。例えば、東北の豊富な森林資源を日本全国で活用することにより、一方的に資金を注入する支援策だけでなく、通常のビジネスにおいて全国で支えることができます。域内では、木材資源を活用したまちづくりを推進することによって、域内流通も活

性化できるはずです。木材を流通する仕組みづくりは、これまでの慣行を崩すほどの大胆な改革が必要です。何よりも求められるのは、社会における木造建築に対する誤解を解いて、一般市民に適切な情報を提供し、社会全体の理解を深めてゆくことです。そのためには多くの人々が使う公共施設を木造建築で整備することが重要になります。しかし、現在の行政担当者をはじめ、設計者でも、なじみのない木造建築を避ける傾向にあるので、こうした環境も変えなければなりません。

　この本では、木造建築に対するかつてない"追い風"を活かして、「木づかいの建築」を日本の社会で普及・拡大することを目指しています。木造建築は、これまで、必ずしも良い条件ばかりではなかったにも関わらず、一つひとつ課題をクリアしながら、新たな研究や試みが継続され、多くの知見が蓄積されてきました。特に、ここ十数年、社会の変化は激しく、早いスピードで展開しています。木造建築が社会の前面に立つ時代を迎え、既に、木造建築の必要性は、社会に認知され始めてきています。

　ここで紹介する木造建築は、こうした推進の機運が起きるまでに、私たちが試行錯誤しながら今日までに実現させてきた作品です。

　私は「木を捌（さば）く」ことを木造建築を設計する基本として考えています。木を扱うことの大切さ、木で建築をつくる役割、木にかかわる様々な活動をまとめておくことが大切だと感じていたところに、今回、この本を出版する機会を得ることができました。これからの社会では、木の利活用が日常化することにより、新たな社会の価値観や発展を考えることが大切になります。木に関わる川上から川下の方々を始め、生活者の方々にもこの本を読んでいただくことで、木づかい(気遣い)の建築の現状と課題、そして可能性について少しでも気づき、理解していただければ幸いです。そして、一人でも多くの若者が、建築の世界で木に携わり、日本の木造建築の未来を築いてくれることを期待しています。

建 築 家　　杉 本 洋 文

_0 はじめに

1　木造建築との出会い

1-1　祖父の実家での体験
1-2　私が暮らした三つの家
1-3　木造建築との出会い
1-4　「寿裡庵（じゅりあん）」との出会い
1-5　森林・林業との出会い

奈良県吉野地域の樹齢約300年のスギの美林にて

1　木造建築との出会い

　旅に出ると多くの建築に出会うことができる。それらの街並や建築からは、お国柄や時代背景、社会の様子などが読み取ることができる。そしてさらに、デザイン、素材、技術などからは、設計者の考え方や意図が見えてくるため、建築の背景を慮りながら読み解く愉しみがある。

　振り返れば、小学校の修学旅行で拝観した日光東照宮、中学・高校での修学旅行先であった京都・奈良の寺社仏閣など、数多くの古建築群に出会い、本格的な木造建築を体験してきたにもかかわらず、当時は木造建築に対する知識も興味も培っていなかったため、ただただ拝観を繰り返すばかりで木造建築を読み解き理解することは難しかった。長じて建築家の道を歩むことになり、私が扱う建築設計は地方からの依頼が多く、木造建築を提案するケースが増えていった。こうした地方には必ずと言っていいほど森林・林業地が近くにあるので、自然と「地産地匠」を考え、地域材や地域の職人をつかうことになる。
　地方の公共施設は意外と木造建築が少なく、依頼する側に改めて地域材の状況を把握してもらうことで、徐々に納得が得られるようになってきている。そうした私と森林・木材・木材加工・木造建築との付き合いは、実は幼い頃に遡る。

1-1　祖父の実家での体験

　私の母方の祖父で、明治34年生まれの山下吉松氏が伊豆修善寺で製材業を営んでいたことから、幼い頃より森林や木材が身近にあった。祖父は、丁稚奉公から一代で製材所を築き上げ、伊豆の山々から沢山の大木を集め、製材して、多くの従業員を雇って木材販売をしていた。祖父の家には隣接して製材所が建てられていた。私は幼い頃より、製材所にある製材機をトロッコ代わりにして、大木や切れ端などを遊び道具にするなど、遊び場として親しんでいた。銘木がふんだんに使われていた祖父の家で、太い柱をよじ登り、手すりを滑り台の代わりにするなど、家中を駆け廻り遊んでいた。夜になると明るかった銘木の家は一転して、闇の中に潜むお化け屋敷に変貌する。幼い子どもにとって、大木の年輪や岩のような銘木の塊が襲ってくる怖さがあり、一人ではトイレに行けず、不気味な天井を見ながら寝るという怖い思いを何度も体験している。それでも木材の様々な表情は、私の内面を揺さぶるものがあり、今でも木に親しんだ記憶が残り、そうした木の体験が原風景となって、木材や木造建築への思い入れが強くなっていったのかもしれない。

山下吉松の若き製材業の姿

1-2　私が暮らした三つの家

　私は、これまで三つの家に暮らしてきた。最初の家は、私が生まれ育った家で、箱根に抜ける県道に面し、奥には温泉街があり、家の周辺は水田に囲まれていた。東向きに縁側がある、田の字型平面の典型的な平屋の民家であった。玄関を兼用した土間には、太いケヤキの大黒柱があり、少し暗くて、天井が高く、明るい縁側や暗い床下に潜ってよく遊んだ記憶がある。敷地の奥には、牛舎と納屋があり、その裏には水路が流れ、米をついていた水車の痕跡が残っていた。庭には、大きなミカンと柿の木があり、近所の子供たちとよく遊んでいた。柿の木は、いまでも私の家の庭に残され、毎年、秋にはたわわに実ると、母に頼まれ父と一緒に収穫していた。我が家にとって記憶を繋げてくれる貴重な樹木となっている。

　二つ目の家は、私が小学4年生の時に、父が子供たちの勉強部屋をつくるために建て替えた、木造2階建ての家である。古い家は解体され、奥の牛舎と納屋は2階建てのアパートに増改築された。更に1階が車庫と倉庫、2階にアパートを載せた建物を新築したので、敷地には3つの建物が建ち並んでいた。庭は自宅とアパートの間に細長く残され、狭くなってしまった。今なら、あの大黒柱や思い出のある木材は残しただろうに、残念なことをした。新しい自宅は南向きで明るく、風通しが良かった。1階は、生活の中心の空間となる食堂や居間と夫婦の寝室、2階は姉弟の四畳半の2つの子供部屋と祖母の部屋、座敷があった。この家は、父がつくった平面計画をもとに、地元の設計事務所に確認申請を依頼し、祖父のところに材木と大工を頼み、伊豆から泊まり込みで建てに来てくれた。毎日、学校から帰ると大工さんの仕事を見るのが楽しみで、仕事ぶりに感動していた。私は見よう見まねで木材の切れ端を使って色々なものを作っていた。その時の現場の風景はとても楽しいもので、その後の木造建築への興味につながっている。この家はその後、私が結婚をして、同居するために2階を改装して暮らし、2人の子供が生まれて部屋を増築して、2世帯住宅となった。

　三つ目の家は、現在住んでいる家である。実は、家はそのままでもよいと思ったのだが、家の前面に通る県道が拡幅される計画が持ち上がり、道路側2棟を建て替える必要がでてきた。結果すべての建物を壊して、1階を両親の家、2階を我が家として、木造2階建ての二世帯住宅に建て替えた。「杉の町屋」として雑誌に発表しており、本書の7章（p208-211）でも紹介している。この時は、すでに多くの木造建築

修善寺の母の実家（山下吉松）の前にて

を手掛けていたこともあって、木材関係者や木造建築を得意とする構造家から情報を集めることができた。計画当初は予算の関係から、主要構造の木材は全てベイマツで設計していたが、岐阜から国産材のスギ集成材を紹介されたので、早速変更し、地震が多いこともあって最新の金物工法を使って、耐震性の高い木造住宅とした。施工は、これまで私が設計した木造住宅を始め、多くの木造建築を手がけてくれた、数寄屋建築を得意とする熱海在住の親しい大工に依頼した。私にとって、長年木造建築の技を教えてくれた先生でもあった。近年他界され、今は兄弟や息子さんが引き継いでいる。

そんな幼少期からの体験によって、大学に進む際に建築学科を選んだことは、私にとって、いたって自然な流れであった。東海大学工学部建築学科に入学し、当時の建築界を席巻していたモダニズム建築を学んだ。建築家を志していたこともあって、授業以外でも建築の情報を集め、学生同士で学ぶ機会をつくるために建築研究会に所属した。そして仲間と一緒に様々なプロジェクトに取り組んだ。夏休みは木造建築を手がけている設計事務所にアルバイトに行き、木造建築の設計方法や図面の書き方を学んだ。そして、別の設計事務所では、実際の建築設計の機会が得られ、大磯の建売り住宅プロジェクトの設計を任された。なんと、即日完売したため、デベロッパーからも褒められ、その後も幾つかの建売り住宅プロジェクトを担当することができた。その住宅は現在でも残されているが、今見てもやはりデザインは未熟である。当時は、実務が出来るようになったものの、このままでは建築家になれないと思い、もう一度建築を学び直すために大学院に進学した。そして実務経験のおかげで大学院1年生の時に、一発で2級建築士に受かることができた。大学院では設計競技への応募をはじめ、建築漬けの毎日で、設計力の向上に努めた。一週間で数日は徹夜が続く毎日だったがとても充実していた。現在でもそうした生活スタイルは変わりはない。自身でも建築が好きなのだと思っている。

1-3　木造建築との出会い

木材 → 木造 → 建築 という考え方に結びついたのは、東海大学で建築を学び始めてからである。私たちが学生の頃は木構造の教科書があり、構造の授業で木造建築の仕組みを学ぶことができた。それでも本格的に木造建築に興味を持つようになったのは、「新建築」に掲載された建築家 木島安史氏 (1937-1992)

「寿狸庵」のイラスト画

の「寿狸庵（じゅりあん）」という作品である。巻頭論文の「部分の復権」には、その背景や思想が示され、同時に掲載されたイラスト画にデザインの考え方が表現されていた。当時の建築界は「ホワイト＆グレー」のモダニズム建築が主流であった中、その作品の存在は異色で、大きな衝撃を受けた。そして大学の「建学祭」で、私たち建築研究会の企画として座談会を開催し、直接話を伺う機会を得た。その時は、同世代の東海大学教授の吉田研介氏（1938-）、日本大学教授の黒沢隆氏（1941-2014）、そして熊本大学教授の木島安史氏の3人の対談であった。吉田氏と黒沢氏は当時、「個室群住居論」を提唱していた時期で、それぞれの持論を展開していた。一方、木島氏の発言は真逆の視点で話されていて、この不思議な建築を明快な論理で解説してくれた。私にとってこれほど強烈な印象を与えた建築家にはそれまで出会ったことがなかったので、強く魅力を感じた。大学院を修了するとすぐに、木島氏の設計事務所に入ることを決断した。

当時、木島氏の設計事務所は千駄ヶ谷にあった。新宿御苑に面したマンションの2階に伺い、再会することができた。最初の面談では私の作品や建築に対する考えを聞いていただけたが、その時ちょうど担当する仕事がないとのことから入所は叶わず、落胆したことを覚えている。私たちの時代は、アトリエ系の建築家のところに入所するためには、その設計事務所で無償でアルバイトをするなど、毎日設計事務所に通って熱意を示すことが重要であった。幸いなことに、年が変わって新たに岡山県倉敷市の美術館改築の仕事が入り、急遽スタッフが必要になったことにより再度面接を受け、念願の入所を果たすことができた。

当時の木島氏は、熊本と東京を一週間に一度往復するスケジュールで設計事務所に来ていた。週末から週初めが打ち合わせで、その短い時間の中で、学者・建築家・歴史家などの多面的な活動によって培われた思考を背景に、建築の考え方などを実践を通して指導していただき、建築家への道へと導いていただいた。

1-4 「寿裡庵（じゅりあん）」との出会い

「寿裡庵」は、私と建築家木島安史氏を出会わせてくれた貴重な作品である。入社後、だいぶ経過して、改修の話がもちあがり、私が担当することになって、「寿裡庵」と再会することになった。この建築は、木造の小さい別荘であるが、材料の組み合わせ、色使いや装飾性が強く表れているものの、その一方で、空

「寿裡庵」を望む

間構成はとても合理的である。この別荘は傾斜した敷地に建ち、方状屋根を持った正方形平面の建物を、9分割し、その中の6ユニットだけが傾斜に沿って階段状に構成され、中庭を螺旋状に囲んで配置されていた。室内は和と洋が混在した摩訶不思議な意匠が施されている。当時の私の建築知識では、到底理解できるものではなかった。しかし、この建築の誕生は、施主がインドに駐在していた時に、木島氏と出会い、帰国後、設計を依頼してきて実現されたものであり、二人のインドでの体験がベースとなって、このデザインが生まれたそうだ。当時のことを二人で思い出していただきながら、この住宅が生まれた時のことを話していただくことで、この建築への思いや発想が明らかになり、少しは理解できるようになった。ネーミングもユニークで、施主と車で敷地を訪れたときに、狸に出会い、これはめでたいとのことで決めた名前だそうだ。こうした体験から、この建築の魅力に再度引き込まれるようになった。

　木島氏は、実はモダニストの面を備えていて、空間構成は明快で、表相に装飾が施されることによって空間の意味をデザインしていることがよく分かった。さらに平面計画は合理的で、そこに断面の操作を加えることによって立ち上がると、平面計画からは想像できない建築空間が現れてくる。こうした体験から「建築家の空間の創造力は断面だ」と確信することができた。構造計画も合理的で、各ユニットの空間は、独立した4本の柱で床と屋根を支え、外壁はカーテンウォールのように持ち出しで支えられているため、空間の四隅に柱が建てられ、表層を装飾壁や装飾天井が被っていた。近代合理主義と装飾意匠が共存した「混在併存（こんざいへいぞん）」によって、建築に独特の個性を醸し出していた。

1-5　森林・林業との出会い

　木島氏の設計事務所では、住宅を木造で設計する機会が多かった。しかし、本格的に森林・林業に出会ったのは、熊本県球磨郡球磨村の「球泉洞森林館」のプロジェクトである。この建築の構造は、鉄骨鉄筋コンクリート造の上に鉄筋コンクリート造のドーム屋根が載っている。駆体には型枠が必要になるため、スギの小幅板を型枠材として打ち放しコンクリート面に木目を転写させた。床は森林組合の保有していた広葉樹材で仕上げ、窓はすべて木製サッシとした。この作品は、木島氏のドーム建築の代表作となり、「日本建築学会作品賞（1985年）」を受賞している。現在、2012年の台風で土砂災害を受けて閉鎖中で、再生に向けて活動中である。この森林館プロジェクトに参加したことから、球磨村森林組合の森林・林業の

木島氏と橋本氏のご家族と当時のスタッフで新年会（橋本邸にて）

現状を見聞きする機会を得て、徐々にその課題の重要さを理解できるようになった。

一方、全国の森林・林業地では、木材活用の減少や外材輸入の増加などの影響を受け、森林・林業が荒廃、衰退していた。しかし、そんな状況のなかでも球磨村森林組合は、大岩組合長が自費で掘り当てた球泉洞の地域資源を活かして観光事業を興し、森林・林業を支えてきた。当時、こうした森林組合の積極的な経営努力は日本の中でも稀で、朝日新聞にも取り上げられた。森林館プロジェクトは、それまでの観光事業を補完し、森林・林業の理解促進を目的に企画されたものだ。整備に当たっては、木材をどのように建築に活かすべきかを考える機会となった。当時はまだ公共建築を木造で設計出来る時代ではなかった。しかし、シュタイナーが設計したスイスの教会建築「ゲーテアヌム」の初期案は木造ドームであり、いつか公共建築を木造建築で挑戦したいと、木島氏と夢を語り明かしたこともあった。そして補助金の関係で3年度に亘る工事期間を経て、やっとのことで完成することができた。その間、森林・林業に関わる人々と深く触れることによって、建築家として何ができるかを考えるようになり、何か使命感のようなものを感じるようになっていった。

幼少の頃、母方の祖父の山下吉松氏から影響を受け、木島氏から建築家の道や木造建築を学び、日本各地を訪れて森材や木材と関わり、さらに木島氏の紹介で欧米の森林・林業、木材産業、木造建築の最新情報を学ぶ研修旅行の機会を得て、本格的に木造建築に関わるようになった。2004年に、大学での建築教育に主体的に関る機会を得てから、より積極的に木造建築の研究に取り組むようになった。以降、国土交通省の木造建築に関する委員会に参加するなど、公共建築物の木造化・木質化を推進するための設計指針の策定に関わり、各地のセミナーや講演会で普及や拡大に努め、木造建築の発展を目指して活動を続け、現在に至っている。

日本は世界に誇るべき森林国家であり、千数百年に亘る木造建築の技術と文化を備えていながら、現代の木造建築の技術では欧米に遅れを取ってきた。ようやく日本も木造建築の時代を迎えつつあるが、いまだ一般の人々はそうした状況を認識されていない。林野庁は2005年より国民運動として「木づかい運動」を始め、2010年には「木材利用促進法」も施行しているが、私はそれ以前からこの分野に関わってきた者として、今後も日本の森林・林業を活かした木造建築の普及・拡大に努力したいと考えている。

球泉洞森林館を望む

2　自然資源を活用する時代へ

2-1　林業の現場に出向く
2-2　木材の流通の課題
2-3　柔らかい木の技術
2-4　地域環境圏からの地域創造へ
2-5　木材流通の再構築
2-6　木のなりわい循環を再生
2-7　竹資源の活用

原木丸太を木取りしながら製材機で加工する

2　自然資源を活用する時代へ

2－1　林業の現場に出向く

A. 世界に誇るべき森林国家日本

　地球上の陸地部分を覆っている森林面積は約30％である。日本は木材を育成するのに適した気候風土を備え、国土は平坦地が少なく、急峻な山々が連なり、約64％が森林で覆われている。世界の森林率が高い国は、フィンランドに次いで日本が第2位で、豊富な森林を保有していることが分かる。現在、日本の森林は、国内で1年間に消費する木材量に匹敵している量が山で育っている。従って、日本は世界に誇れる森林国家であると言える。

B. 森林の荒廃

　日本は、自然資源である木材資源を活用した木の文化が徐々に失われている。しかし、国内の林業は、産業として充分な体力を備えているとはいえない。たとえば、木材自給率を見ても、1955年代に約90％を占めていたにもかかわらず、2002年には約18％までに落ち込み、翌年から増加に転じ、2014年には約30％弱まで回復してきている。国は50％以上を目指して推進を図っている。

　国内の林業は、海外からの安い木材の輸入が増加してくると共に弱体化してきた。現在のグローバル化を反映した貿易問題では、既に木材分野はオープンな状態であるため、価格競争が激化している。一方で、世界の優良な木材資源は減少し、木材の品質低下を招いており、質・量共に楽観視できない状況である。経済的に追従できずに国内林業は衰退化し、健全な森林を育成することができず、木材の品質にも影響を与えている。日本は高速道路網や林道整備が進むにつれて、山奥の貴重な森林資源を伐採しやすい条件が整い、原生林であった大木も容易に切り出されてしまう状況が拡がっている。

奈良県吉野地域の樹齢300年以上のスギ林

C. 柔らかい木質の時代

　世界の森林国家は、国策で木材利用を推進し、森林業を支えている。一方で、森林が減少しているのも確かである。新しい林業で育林された促成栽培の木材が流通するようになり、昔のような良質の木材を確保することが難しくなり、世界の木材事情は、柔らかい木質の時代を迎えている。国内の森林は、戦後一斉に植林されたものだが、現在は森林の更新時期を迎えている。遠くから眺めると山の森林は緑濃く豊かに見えるのだが、実際の森林に入ると、管理に手が届いておらず、荒廃が進んでいることが分かる。特に、国内の豊富な木材需要は、世界の森林を消費することで維持されているのが実態である。さらに、その森林資源の多くが発展途上の国の環境破壊によって供給されていることも多く、木材を活用する上では、こうした国内外の木材資源の状況を把握する必要がある。

　建築家は、もう少し、森林・林業の現場に出向いて、森林資源にもっと目を向けるべきであろう。

2－2　木材の流通の課題

　国内の木材価格は産地と消費者との間に大きな隔たりがあり、流通が占めるコストは年々増加し、海外との価格競争によって国内産地の価格は著しく低下している。過去に、国内産地はブランド化され安定供給の体制が築かれ、確固たる価格体系ができ上がっていたのだが、今となっては、そうした付加価値は減少して使われなくなり、地域ブランドの形骸化が著しく、実情に反映されていない。現場で使われる木材のニーズが多様化し、木材の種類や品質が増え、世界の木材を自由に選べる状況にあるのだが、そうした木材流通を把握し見極めながら使うことは大変である。国内の産地から木材を直接買い付けて住宅を建てたことがあるが、70年生のスギの磨き丸太は、産地の原木市場では約5万円で売られており、現地で仕上げると約15万円程度になる。一般に市場で購入すると約50万円以上する。毎回安価に入手するための手間を考えると大変であり、誰にでもできる状況ではない。

　こうした例は極端なのかもしれないが、実際の木材価格も多かれ少なかれ同じような状況である。長い年月を掛けて育成管理してきた林業関係者への費用が少ないことが分かる。森林の保水力やCO_2吸収など、

奈良県黒滝村にある自然木と銘木の製造販売会社（株式会社徳田銘木）

環境貢献を考えると、価格に問題があることは明らかである。こうした流通の歪みを是正しなければ持続可能な林業が失われてしまう。その意味では、地域ごとの自然資源の情報は、一部の流通関係者が握っているのではなく、林業者と一緒になって生活者や建築家がもっと積極的に関わり、広く情報が公開される仕組みをつくるべきで、国内外を含めて環境負担を考慮した適正な価格体系をつくるべきである。

2-3　柔らかい木の技術

　日本の住宅は、豊富な森林資源を使って木造建築でつくられてきた。それを支えてきたのは伝統的な大工技術である。間取り図さえあれば経験豊富な大工が立派な家を建ててくれた。近年は、ハウスメーカーによって建設される住宅が増えている。それぞれに技術革新が行われ、車の生産方法に匹敵するほどの工業化住宅のシステムが完成している。そして、耐震性を向上させ性能保証が付いた住宅商品がつくられるようになってきている。実物としての建築の施工コストは、材料と施工が究極まで合理化されて削減している。一方、ハウスメーカーは莫大な開発費を掛けて住宅を商品化し、認知度を高めるためにメディアの広告宣伝にコストを割き、知名度や信頼性を上げながら販売を拡大して利益を上げているが、最終的にその利益は本社に吸い上げられてしまう。住宅コストが下がるどころか、上がってしまうという状況である。地域の技術者集団は下請けとなり、地域の住宅供給体制は系列化が進んでいる。地域に密着していた住宅供給の仕組みは解体され、地域の材料や技術の接点や関係性が薄らいでしまっている。

　そうした状況の中でも、地道に地域で技術を磨いている工務店などの伝統技術を継承しながら保持している大工の集団は、まだ僅かだが残っている。しかし、私たちが求める木の空間を実現してもらうためには、住宅メーカーに慣れ親しんだ工務店や大工の技術では技量不足を感じることがよくある。自然素材を使いこなす情報や技術が蓄えられていないことが多い。最近はTV番組の影響で、建築家に住宅の設計を依頼する施主が増え、素材と技術を自由に組み合わせる設計のスタイルが多様を極めている。大工も新しい技術を習得しなければならないし、経験の少ない施工技術者では理解できないなど、現状は施工現場での技術者不足がかなり深刻になっている。

木造建築のプレカット工場（株式会社 中東）

私の場合、これまで継続的に情報交流している木造建築を得意とする構造家、加工技術を備えた業者や大工に事前に相談するなど対処している。また、木造建築の場合に、金物の使用の有無をよく議論されるが、昔のように材質が確保されない状況では、伝統的な仕口を使った工法だけでは充分な性能を確保することはできない。通常に使える材質は柔らかくなり、現在流通している木材の品質に合った使い方や、加工技術を再構築しなければならない。柔らかい木材を扱ってきた歴史のある欧州の考え方は非常に参考になる。地域の素材を知り、使いこなせる施工技術者を、地域の中で育成する仕組みづくりが急務である。

2−4　地域環境圏からの地域創造へ

　三十数年間に亘り木造建築を手掛けてきた経験から述べてきたが、私がこれまで木材を扱ってきたのは、国内の森林や林業の関連企業を目にする度に、様々な問題に直面してきたからである。地域の環境を守り、そこで暮らしが成り立つようにすることが大切で、少しでもそうした地域や建築の課題を改善できないかと考えてきた。日本の地域は、これまでのように県や市町村といった行政区域が基本では、本来の地域環境の実態や関係を把握することはできない。地域の気候風土や地政学的特徴、経済環境などの様々な社会の条件が影響して成り立ってきているため、その中から地域の環境力を見極める「地域環境圏」という視点に立つべきであると考えている。

　「地域環境圏」とは、主に分水嶺で区分けされた環境エリアを基本として、上流から下流までを一つの地域として捉えることである。地域環境を水によって総合的に把握することができるため、新たな解決の糸口が見出せる。たとえば、木材を生産する森林は、下流域の水源確保や空気浄化の役割を担い、地域の景観形成にも役立ち、同じ地域に生活している人たちとの結びつきが生まれ、森林維持へと市民の参加意識を高めることができる。その地域で育った木材が同じ環境を共有する地域内で利用されることになれば、森林や林業、木材関連産業を維持する循環が生まれ、環境循環が構築できる。こうした「地域環境圏」をベースとしたコモンの仕組みを再構築することができれば、地域ごとに産業の連関が生まれ、地元雇用を創出できる新たな地域づくりが見えてくるはずである。

自然社会資本活用（森林資源）の現状と目標

	現状	目標
環境	地球環境問題 森林の荒廃	木組みの活用技術＋工業化製品の活用 森林資源の３R(リデュース・リユース・リサイクル) 活用を促進する法整備
産業	国産森林資源活用の見直し 銘木主義による情報・流通の閉鎖性 木造技術の向上	需要と供給と技術の構築 森林資源流通の透明性・公開性 都市建築木造化モデルの開発
文化	伝統木造技術の衰退 コンピューターの解析技術による素材の研究 森林資源活用を制限する法律	循環型社会の形成 森林の再生
交流	欧米の木造技術導入	アジアでの木造技術先進国へ アジアへの貢献 次世代への教育

自然社会資本の活用が重要になる

現在の高度に組織された流通システムは、距離と時間を超えて地域間を結び付けるが、地域の生産力は環境力を超え、極端に偏った負荷が掛かる場合もある。これまでの都市は地域の環境力以上の集中によって地域間協力に依存しなくては運営できなくなった。東京のような人口１千万人以上のグローバルな世界都市は別としても、それ以外の都市や農村は、少しでも「地域環境圏」の中で環境力に見合った姿を模索しなければならない。一方で、地域の環境を守る市民運動も起こってきており、地域資源の極端な粗密や矛盾を解消していくことが地域づくりでは大切になり、内発と外発の協働による創造力を引き出して挑戦すべきであると考えている。

２－５　木材流通の再構築

A. モリからマチへ

　日本は、戦後の拡大造林事業によって森林の蓄積が進んでいる。天然林は毎年微増し、人工林は急増し、近年は天然林を超える数量が育成されている。人工林における樹齢分布の面積は２５～４０年生に集中し、近年は若年生の比率が著しく低下している森林も少子高齢化に直面している。当面、森林の適正更新のためには木材利用を増やしてゆかなければいけないが、伐採後の造林が計画的に実施されなければ、将来の木材資源の確保には不安が残る。今後、モリ・サト・マチは、積極的に相互の情報交換しながら連携を深めてゆかなければならない。全国の森林は、手が入れられず荒廃が進み、林業が成り立たない社会状況も発生しており、相当深刻である。しかし、地域固有の特性や問題を抱えているため、それぞれの地域で個別に解決策を模索してゆかなければならない。一方で、消費地の都市にはこうした産地の状況は伝わらない。おそらく日本の木材需要に対して、世界から安い木材が多量に輸入され、市場に流通しているからであろう。

　私たち建築家は、住宅において多量の木材を利用しているため、国内の林業問題に無関心ではいられない。ましてや地球環境にも深く関係していると考えると、国内外の森林の状況を把握しながら建築を考えて当然であろう。今、日本は世界で最も木材資源を輸入している国であり、世界の木材が自由に使える環境にある。私たちは木材を見極める力を養い、木材流通に関心を向ける必要がある。だが残念なことに、国内

自然社会資本活用（森林資源）の種類

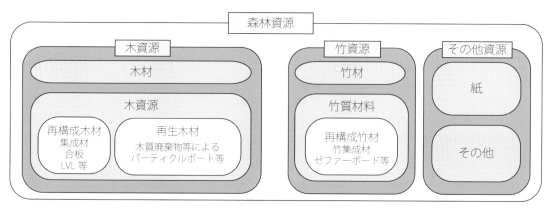

の木材流通は閉鎖的で、形骸化した仕組みも残り、情報がオープンにならない。私たちは積極的に産地との交流を図り、情報を得る努力をすべきである。産地側も、消費地の生活者や設計者、大工などの専門家から情報の発信を求めている。

　私たち建築家は、このように多くの情報に接する機会に巡り会うために「つなぎ役」を担えるはずである。今後は、交流機会の創造と情報公開を推進し、安全、信頼、公正の仕組み備えた木材流通を再構築してゆかなければならない。

B. 国産材活用の試みと展望

　国内林業の歴史背景と木造建築の技術的変遷との関係を振り返ったとき、大まかに1期10年単位で変革が起き、現在まで4期に亘って展開してきている。

1期　幕開け　——1980年代——
　＊戦後の不遇時代から脱却・・・・・・＞　木造は住宅が中心・建築基準法の改正
　＊日米貿易摩擦による木材輸入圧力・・＞　木造建築への目覚め
　＊新木造技術の導入・・・・・・・・・＞　欧米の技術導入
　　　　　　　　　　　　　　　　　　　　「スーパーハウス」「小国ドーム」「空海ドーム」など

2期　発展　——1990年代——
　＊国内林業の衰退・・・・・・・・・・＞　森林の持続可能な仕組みの構築と木材活用
　＊国産材の活用・・・・・・・・・・・＞　地方博覧会の実験的な試み・木材産地間の交流
　　　　　　　　　　　　　　　　　　　　木造建築・住宅の新工法の開発

3期　展開　——2000年代——
　＊地球環境問題・・・・・・・・・・・＞　森林資源の育成と活用、二酸化酸素の削減
　　　　　　　　　　　　　　　　　　　　高温高圧から常温常圧の産業へ移行
　＊新木造技術の開発・・・・・・・・・＞　木材を中心に多様な素材を自由に組み合わせ、
　　　　　　　　　　　　　　　　　　　　木質ハイブリッド構造などの技術の開発が進展

4期　拡大　——2010年以降——
　＊2010年「木材利用促進法」の成立・＞　国が公共建築物の木造化・木質化の法案を成立させたことによって、本格的な取り組みが始まる契機となり、全国的に活動が活発化

市場には多様な木材が流通しているが、使用する木材の選定は国産材だけに拘ることなく、個々の設計条件に合わせて適材適所に使い分けている。常に国内外の産地情報を得ながら、それぞれの木材の特性を読み、新しい試みを組み合わせてシンボリックな木造建築を提案してきた。話題性を持たせることによって木材に関係する川上から川下までの人々に元気を与えられ、一般の人々にも木造建築をアピールできた。そして、各地で木材の技術向上と木材産業の再生が進むことによって、私たち建築家にとってもより広範な建築の可能性を開いてくれると思う。

　木造建築を設計する際、私は木材の材質と大工の技術を大切にしている。産地の育成環境や地域の背景を知ることによって、木材の特性も理解でき、使い方の発想も生まれてくる。また、大工の技量は建築の仕上がりを左右するため、大工の技量によっては、細部の収まりを現場で変更することもある。また、木造住宅は現場での一品生産であるため、素材の選定から大工の技量まで、事前に確認すべきである。商品化住宅は性能や品質がメーカーによって統一されているため、異質な自然素材を自由に組み合わせることは大変である。逆に、私たちは表現が自由である代わりに性能や品質を確保することに苦労する。木造住宅では材料、技術・品質・性能・デザイン・コストなど様々な要素を統合して判断しなければならない。環境循環型素材の特徴を活かすためには、人類の長い歴史のなかで使われてきた「木」の発想が重要であると考えている。

現代の木造建築の展開

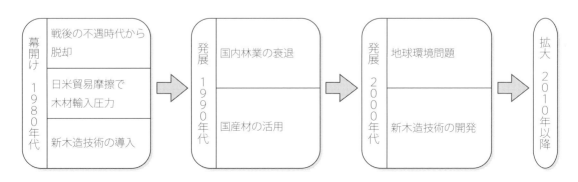

2−6　木のなりわい循環を再生　（モリとマチのつなぎ手）

　地球環境問題から持続可能な循環システムとして自然資源の木材が注目され、木造建築の重要性は益々高まっている。

　日本の住宅は、木造で平均寿命が約 30 年程度と言われてきた。欧米諸国が 50〜80 年程度であることと比べると短命である。これまでは「量」を確保するために「大量生産」「大量消費」への傾向が強かったが、21 世紀に入り、人口減少、少子高齢化社会を迎え、「質」の向上が求められるようになった。木材を有効活用した「ストック生産型」に転換すべきである。そのためには、川上から川下まで関わる者が、情報を公開しながら連携を深めてゆかなければならない。これまでの専門家による垂直型の体制から、施主、設計者、施工者、木材関係者が協働する水平型な関係の仕組みが求められる。私は、日本の伝統を背景とした「木」や「なりわい」の循環を新たな視野で再構築することが、これからの木造建築とその設計に関わる者として、最も大切なことだと考えている。

　自然は、森林を育て、恵みである木材を与えてくれる。生業はその恵である木材を歴史と伝統を背景とした「技」によって木材を加工して住宅をつくる。一方、住宅は生活者の「粋」の知恵で磨き上げられ、手入れをされながら長く使い込まれる。そうした生活者からの知恵は「技」を鍛えてゆく。そして、地域に根ざしたストック型の良質な住宅が増え、「なりわい」を栄えさせ、「マチ」である地域環境が守られる。自然の「モリ」が保全され、再び恵みを育む。今は途切れてしまったこうした循環の輪を、一つ一つ繋ぎ合わせることで「木なりわい循環」の再生ができると考えている。実現させるためには、強い意思を持った人々が必要で、私たち建築家がその「つなぎ手」の役割を率先して担うべきではないだろうか。

木なりわい（生業）の循環

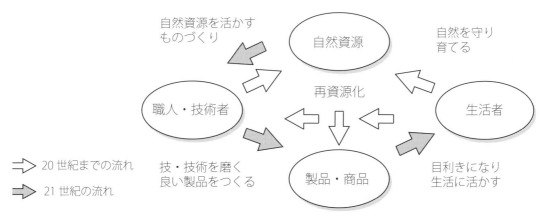

2－7　竹資源の活用　　"「竹」を活用して家の中に森をつくろう！"

A．愛・地球博が継起で竹資源に注目

　21世紀は「環境」と「アジア」の時代である。その考えに至ったのが、2005年に愛知県で開催された「愛・地球博」である。
　この博覧会のテーマは「自然の叡智」で、それを具現化するために、総合プロデューサーの一人である泉眞也氏（1930-）とチーフプロデューサーの福井昌平氏（1946-）が、21世紀の地球資源の中で最も有望な循環資源の一つである「竹」に注目し、パビリオン建築を提案したことが契機となった。博覧会会場では、アピールするための「バンブープロジェクト」が立ち上がり、それを受けて、「日本館」と「地球市民村」の建築が「竹」を取り入れている。日本で開催される万国博覧会は大阪万博以来35年ぶりであり、21世紀最初の国際博覧会の開催となった。テーマから、会場を「里山」に設定したことや、発展が著しいアジアで開催することに意義があり、万博の新たな方向性を示したことで、世界からも評価を受けた。特に注目された点は、「第三の力」である市民参加によって、地球の環境問題を解決して行く活動を実現できたことである。

B．地球市民村プロジェクトと竹資源

　「地球市民村」は、国内外のＮＰＯ・ＮＧＯが参加し、地球環境に対する様々な課題や提案を発表する場として計画された。2002年のヨハネスブルグサミットで、当時の小泉首相が提唱し、同年国連の第57回総会決議によってユネスコが主要機関に選ばれ、2005年から2015年の10年間に亘り実施された「持続可能な開発のための教育の10年（ESD）」に連動して、「持続可能性への学び」をテーマとした教育プログラムを開発して、来場者と一緒に体験する場を提供する試みである。その主となる会場は、日本の優れた環境共生の姿である「里山」をテーマとして、「竹林」や「茶園」を中心に環境づくりを行った。そして、パビリオンは森林の未利用資源の「竹」を使った建築を提案した。

愛・地球博／地球市民村の全景

C. 竹資源の有用性 ────

　「竹」は生育が早く、同じ面積ならば針葉樹の森よりも５〜６倍の量を得ることができ、有用性に優れている。地球上では、主に亜熱帯地域に生育し、アジア地域では日本の東北を北限に中国、東南アジア、オーストラリアなどが一大生育地を形成している。木材より短時間で安定供給が可能であることから、その利用が急速に拡大しつつある。生育地と地域を同じくするアジア諸国の急激な経済発展によって起こる環境問題は深刻で、こうした問題を同時に解決することに貢献できると考える。

　日本では「竹」が身近に使われていたが、工業化の進展によって遠ざけられてしまい、極端に利用が減少している。そのために「竹林」も放置され、手入れが届かなくなり、森林破壊の原因として悪者扱いされてきた。しかし、本来「竹林」は、人間がメンテナンスしなければ良好に育たず、自然と人間が共生する環境モデルのひとつでもあり、日本人の原風景の「里山」において重要な部分を形成している。最近になって、放置された「竹林」を再生する市民運動が各地で起こりはじめ、「竹」の研究も盛んになってきた。人間にとっても有益な資源となることが分かり始め、次世代の未利用資源として再評価されている。

　建築の分野でも活用が進められ、木質材料と共に、住宅や中層建築の構造部材、仕上げや家具などの内装部材に積極的に利用されている。アジアの国々の環境保全に貢献しながら、一方の先進国では、環境に配慮した建築や都市空間を実現するために、エネルギーへの活用も期待されている。「木」だけでなく「竹」を使いこなすことによって、身近な生活空間に自然資源を活用することができれば、私たちの家の中に第二の森をつくりだすことができる。二酸化炭素を固定化する森林と同様に、家の中にストック（蓄積）することで、地球環境に貢献できるようになる。

D. 「竹」の魅力

「竹」の素晴らしさに出会ったのは、熊本県の山中にある「球泉洞森林館」の改修で、エジソン館の展示を設計した時からである。なんと、エジソンが発明した最初の電球には、京都の真竹を炭化させたフィラメントが使われていた。日本の「竹資源」が、米国の科学者エジソンの「知恵」に出会うことで、こんなにも素晴らしい発明ができるのだと感動したことを覚えている。

「竹」は古来より私たちの暮らしの中に取り入れられ、多種多様に利用されてきた。その特性が科学的に解明され、森林資源の中でも木材以上の効能・効果があることが解ってきた。「竹」は地下茎を網のように広げ、土壌の良い場所を探しながら生育するため、森を侵食して森林破壊を起こすことは良く知られているが、広島の原爆やベトナム戦争の影響を受けた地域でも生き残った植物でもあり、いかに強靭な植物であるかが分かる。

また「竹」は、全てを使いきれる素材なので、ゼロ・エミッション資源としてその活用に注目が集まっている。日本では「竹」の素材特性を活かして、洗練された細工や工芸品を通じて伝統文化を残し、「竹林」では動物の死骸が腐敗しないことや、糞の臭さを消す効果があり、「筍」は食材になり、「熊笹」は傷の治癒に効き、「竹油」は火傷治療に効果があることが確認されている。二次利用で、「竹炭」は除菌、抗菌、消臭、吸湿、通気、蓄熱などの面でも優れ、遠赤外線を発するために温熱効果を発揮し、携帯電話やパソコンなどの電磁波防止効果も解ってきた。また「竹酢液」は花粉症、水虫菌、アトピー性皮膚炎など人間の身体や健康回復に効果があることも解ってきている。この他にも紹介できないほどの沢山の事例がある。

こうした様々な「竹」の効能・効果が明らかになるにつれて活用範囲が拡がり、多様な製品開発に結びついている。その意味では「竹」は古くて新しい素材として今後の可能性を秘めている。

小田原市三竹地区の竹林

E. 「竹資源」の活用

　私たちの社会に「竹資源」を活かしてゆくためには、様々な方向が考えられるため、ここで少し整理する。

1： 環境の視点から　[自然との共生から自然のマネジメントへ、環境問題を考えるテーマとしての竹]
　日本の里山・里山保全などを考える上では、「竹」は重要な意味を持っている。多様な生態系を育むと同時に、人が適切に関わり、管理・活用する必要がある。森林を崩壊させる存在であっても、竹資源を適切に活用することで、結果として森林資源を守ることもできるなど、「竹」は人間と自然の関係をより深く理解し、自然のマネジメントの視点を学ぶ上で絶好のテーマとなる。

2： 産業の視点から　[環境負荷の低い新しい産業モデルを実現する新素材・新資源としての竹]
　「竹」は成長が早く、数年で用材として使用でき、軽さや弾力などの点から素材としての扱いやすさが優れているため、古くから生活用具や建材などの身近な分野で活用されてきた。近年では環境問題の高まりを背景に、さまざまな産業分野で、扱いやすく、環境負荷の少ない材料としての「竹」が注目され始めている。さまざまな製品の開発が行われ、新素材としては複合商品が期待でき、新資源の面からは健康・医療分野での今後の進展が期待できる。

3： 芸術・文化の視点から　[伝統工芸やお茶など、日本独自の芸術や文化の豊かさを育んできた竹]
　家具・調度品・楽器など伝統工芸品や茶道・華道など「竹」の関わり合いの深い日本独特の芸術・文化には枚挙にいとまない、近年では竹馬・竹とんぼなど昔ながらの竹遊びを通じた子供の情操教育、バンブーオーケストラは芸術活動と共に新しい環境教育としても注目が集まっている。

4： 国際交流の視点から
　世界中、特にアジアで多彩に利活用されている「竹」は中国をはじめアジア諸国が一大産地であり、それぞれの地域では多彩多様な竹の利活用を産み出してきた。「竹」をテーマとした国際交流は世界、特にアジアの文化・文明の多様性を知る上で大きな機会を創出できる。

上海万博　竹の集成材を使用（内観）

F. 「竹の建築」の可能性 ─────

　最後に「竹の建築」の可能性について考えてみる。世界の「竹」の産地には、その地域にあった土着的な「竹の建築」の文化が築かれてきた。日本でも主に民家や茶室などの建材として使用されてきた。しかし日本は洗練された「竹文化」を育んできたのにもかかわらず林業・建築分野での位置づけが低く、特に建築分野に於ける活用範囲が限定され、建築の主要な構造部材としての利用が進んでいない。それは素材特性に起因していると考えられるのだが、それよりも構造解析や接合方法などが難しく技術開発が必要なことと、法的制約に阻まれてきたことが大きく、一般の現代建築に普及することはなかった。最近では素材研究が進み、竹集成材や複合部材が容易に製作できるようになり、私たちの住環境の中にも建材として徐々に導入され始めてきており、利用できる条件が揃いつつある。竹利用の先進国である中南米コスタリカでは、プレハブ住宅開発が既に進んでおり、2010年の上海万博では、中国とドイツが共同で「竹のパビリオン」を提案している。建築への展開は盛んに取り組まれるようになっているが、日本ではまだ一部の活動に留まっている。ローテクな素材とハイテクな技術を融合させることによって、新たな建築の可能性が期待される。

　「竹」は、その特性を活かした建築意匠、構造空間、接合ディティールなどを開発することで、これまでとは異なる新しい建築空間を創造する可能性を秘めている。「地球市民村」の建築では、エコハウスを想定した新しい建築スタイルを開発している。世界の都市を「竹の建築」が埋めることもそう遠くない将来だと考ている。私たちは古くて新しい自然素材である「竹」の魅力を再発見するべきで、生活の中に積極的に活かせれば、「地球市民」の一人として、地球環境に優しく、自分達にも優しい、新しい環境循環型社会をつくりだすライフスタイルを実現できると考えている。

上海万博　竹のパビリオン（外観）

上海万博　竹のパビリオン（内観）

_2 自然資源を活用する時代へ

3 木造建築の魅力と可能性

3-1 木造建築の現状
3-2 海外の木造建築の現状
3-3 北米の場合
3-4 欧州の場合

製材した木材は乾燥した後に検査して出荷される

3 木造建築の魅力と可能性

3-1 木造建築の現状

A. 木造建築の方向性

　木造建築は、木の素材と木組みが空間に表現されることが特徴であり、魅力でもある。日本の木造住宅では在来工法が減少し、2×4工法が主流となり、多様な合理化工法も増加してきている。今後、適正なものが選別されるだろう。一方、中・大規模木造建築は、空間表現に合わせて、部材・接合・架構がそのつど検討され、個別に設計されている。日本の現代の木造建築は、80年代になって中・大規模木造建築の技術が欧米から導入されることによって始まる。そして国内の具体的なプロジェクトの経験と木材と木造建築に関する研究成果によって、欧米を凌駕するレベルまで進展してきた。

　その一方で、国内では古建築の再生、近代遺産の継承、CO_2削減、防・耐火性能向上など数々の課題を抱えており、木造建築であればよいという時代は終わり、次世代に継承できる技術、デザイン、思想が問われるようになり、よりよい木造建築をつくる時代を迎えている。

B. 伝統的な木造建築

　日本は、歴史を経た木造建築が数多く、世界最古の「法隆寺」、世界最大級の規模の「東大寺」、遷宮によって永遠性を保つ「伊勢神宮」などの社寺仏閣の和風木造の歴史が残されている。また、明治期に導入された兵舎、学校、教会などの洋風木造も残されている。これら両方の木造建築から、技術やデザインを学ぶことができる。和風建築は、平面が単純な割に、天井高で内部空間に変化をつくり部屋の格式などを決めている。木組みが表現されて豊かな室内空間がつくられている。外観は、深い庇を持った屋根が特徴的で、水平を強調しながら木組みによって多様な表情をつくり、自然との調和を図っている。これらの技術は、精度の高さ、変形への対応、材の組み合わせに優れている。一方、洋風建築の技術は、関東大震災で構造性能が評価されたように、高剛性の架構システムが特徴である。震災後は洋小屋組みを取り入れる建築が増え、その影響は、中・大規模木造建築にも顕著に表れている。

C. 現代の木造建築 ————

　日本の木造建築は、戦災により都市の木造建築が火災で消失し、その影響で都市の防火性能が求められるようになり、1950年に都市から木造建築を排除する法律がつくられたため、建設できなくなってしまった。それから長い間、非木造建築の鉄骨造や鉄筋コンクリート造が盛んに建設されるようになり、木造建築は技術の発展が途絶えてしまった。60年代から欧米の先進木造技術が輸入され、20年間の空白期間を経て、80年代に本格的な研究と実践が行われるようになり急速に発展してきた。現代の木造建築は2000年の法改正で、耐震性能が確認できれば建設が可能になり、その後急速に推進されるようになる。そして2010年の「木材利用促進法」によって、日本に本格的な木造建築の流れが始まり低層から高層までの中・大規模木造建築のプロジェクトが展開される。その成果は大きく三つの方向に集約される。

　　1）現場施工を簡素化するプレファブリケーションの導入
　　2）既存の木材に工業木製品（エンジニアード・ウッド）の増加
　　　　多種多様な木材製品を単一技術により統一化
　　3）建築の個性化や個別化によって木造技術の高度化と複合化の推進

そして、現在も、時代のニーズに合った木造建築の模索と進化が続けられている。

3-2　海外の木造建築の現状

　日本は、木の文化の国であるにもかかわらず、木造技術の開発面では、残念ながら欧米に遅れをとってきた。本格的に現代の木造建築を手掛け始めたのは、60年代からで、当時、最新の木造技術を取り入れるためには、欧米から学ぶしか方法がなかった。これは日本の伝統木造の技術が、明治以降、継続的に技術革新と技術の蓄積が行われこなかったことが大きな原因である。欧州は、戦災後すぐに文化財の修復に取り組み、その結果、伝統的な木造技術が途絶えることなく近代化し、さらに現代まで技術革新が継続され、様々な可能性を開いてきた。21世紀に入ると環境問題が大きくクローズアップされ、そのことが木造建築の道を拡げてきている。当時、中・大規模木造建築の技術を学ぶためには欧米を訪れることしかなく、これまで私が視察してきた北米と欧州の現代の木造建築の状況を概観する。

3－3　北米の場合

　国土が広大で森林資源が豊富な北米では、木造建築への取り組みが盛んであるため、学ぶことが多い。私が本格的に現代の木造建築を手掛けるきっかけになったのは、恩師の建築家木島安史氏（1939-1992）から推薦を受け、構造家中田捷夫氏（1946-）が企画した北米木造建築視察旅行の視察団に参加したことに始まる。このグループには、日本を代表する木造建築の研究者や先進的な建築家や構造家が一堂に集まっていた。第1回目は1991年に行われた。それまで北米には、博覧会や都市開発の関係の調査団で何度も訪れていたのだが、北米の森林・林業から製材・加工業、そして街中の建設事例まで一貫して視察できたのはこの時が始めてだった。最新の事例やその背景となる技術に深く触れる機会となり、私の木造建築に対する考え方を大きく変えてくれる貴重な機会となった。その後、異なるテーマの視察に二度（2002・2006）参加する機会を得て、北米における川上から川下までを詳しく視察することができた。この体験を通じて、森林・林業、製材・加工業、木造建築の新しい技術等、現代の木造建築に関して、総合的に知見を得ることができた。

　ここから、視察団が対象とした木造建築を中心に、米国の最新の森林・林業をはじめ、製材・加工業、建設業など、一連の木材に関係する先進的で示唆に富んだ事例を取り上げながら、日本との取り組みの違いなどを含めて米国の状況を紹介する。

A．米国林業：機械化された林業

　米国の林業は、豊富な原生林を伐採して利用する時代から、資源保全や環境問題を背景として、国土の森林を、原生林を残し保存する森と、活用する森とに分け、適正に管理する林業によって、育成から活用までのシステムが構築されていた。その結果、良質な木材を供給するために、植林事業がしっかりと行われており、現在は、伐採量を上回る植林が実施されているそうだ。近年は、森林資源の保護等から森林伐採規制が実施され、さらに国内産業保護のために、海外への丸太の直接輸出が規制されるようになり、製品化された木材製品しか輸出できなくなった。自ずと日本国内での木材価格が高騰している。
　米国林業の現場を直接視察し、機械化された伐採作業を目の当たりにして、作業効率が良く安価に出材できることがわかり、日本との違いを把握することができた。

平坦な地形が多いことから林業の機械化が進でいる。

米国の木こりの姿

B. 世界最大の木造建築：タコマドーム

　世界に先駆けて、木材の可能性を引き出したプロジェクトは、1983 年に建設された米国ワシントン州タコマ市の「タコマドーム」である。この建築は、1991 年に初めて視察する機会を得ているが、その出会いは衝撃的で、この体験によって大型木造建築の可能性を強く感じることができ、同時に木材の可能性を確信することができた。タコマ市は、米国北西部に位置する大陸横断鉄道の西端の貿易拠点で、日本向けの木材の輸出港として有名である。このドームは、中心市街地の港を望む小高い丘の上に建ち、ベイマツ集成材の技術的可能性を示すために企画されたプロジェクトである。この大空間の木構造はいたってシンプルで、同寸の構造材を簡素な金属金物で接合するシングルレイアードームである。施工方法もユニークで、クレーンで部材を吊るして下部から組み上げてゆく無足場構法である。この建築は大空間であるにもかかわらず工期短縮と建設コスト低減を実現し、他の構造システムでも実現可能な建築規模だが、あえて木材で取り組むことによって、木材の持つ構造性能や可能性を国内外にアピールするリーディングプロジェクトになっている。

C. 多層建築：集合住宅・事務所・ホテル

　北米都市では、森林資源の豊富さから都市建築でも積極的に木造が建設されてきた歴史がある。街中にある中層の倉庫やビルは、その多くが外壁耐火木造建築である。主要構造は、ベイマツの大断面の無垢材で、柱と梁を鋳物の金物で接合する多層のラーメン構造である。床は、小梁に木板床を架け、その上にコンクリートあるいはモルタルを打設して仕上げられている。外壁は防耐火性能の高い不燃材で仕上げられている。

ワシントン州タコマ市／タコマドーム（遠景）

同左、タコマドーム（内観）

サンフランシスコ市では、1989年のロマ・ブリーダ大地震で、高速道路やビルに大きなダメージを受けたが、古い外壁耐火木造建築は比較的被害が少なく構造性能が高く評価された。新しく建設された中層ビルは立面混構造で、1階を鉄筋コンクリート造とし、2階以上が2×4工法の木造建築である。震災では1階が倒壊して押しつぶされている事例が多かったが、上層階は、モノコック構造であるため崩壊せず、そのままの状態であった。再生にあたって上層階をジャッキアップし、1階を建設し直して再生していた。室内は床壁天井が不燃化され、スプリンクラーを設置して防耐火性能を高めている。中層ビルに留っているのは、都市防災の観点から消防車の梯子が届くことが条件となって、概ね31m以下が、こうした建築スタイルで多くが建設されていた。日本ではあまり発展してこなかった多層階のビルディングタイプであったが今後の「都市木造」の可能性を強く感じることができた。

D. 倉庫建築：オフィスビルにコンバージョン

　北米の西海岸の都市の中で、シアトル市、ポートランド市では、多くの外壁耐火木造建築が建設され、現在でも活用されて、都市内にストックされている。こうした歴史的な「都市木造」は、近年、再評価され、コンバージョンによって機能転換を図り、中心市街地に魅力と活性化を創りだし、新たな不動産価値を産み出している。米国はスクラップアンドビルドが主流の国だが、環境問題を契機にこうした都市のストックに注目して都市の個性をつくる試みが行われている。これらの建築には無垢のベイマツ材がふんだんに使われ、コンバージョンでは柱・梁の古材の性能を確認しながら補強され、新たな木材や鉄筋コンクリート造の耐震壁を組み合わせるなど、木質ハイブリッド構造によってまったく新しい木造建築を創出している。

　オレゴン州ポートランド市にある「ワイデン＆ケネディ広告代理店」の事務所ビルの事例では、外壁耐火木造建築の冷凍倉庫をコンバージョンして再生を図っている。主要構造の柱・梁と外壁を残し、中央部を減築して吹き抜けを設け、それにRC造の耐震壁を挿入している。さらに上層部の役員階はベイマツの大断面集成材を用い、大スパンで二重に架け増築している。新旧の木材、異種構造を混在させた平面混構造のハイブリッド構造として、新たな木質空間を創出していた。

シアトル郊外／2×4工法の集合住宅（外観）

シアトル市／2×4工法のホテル（外観）

E. 教育施設：小学校・幼稚園

　日本でも学校の木造化が推進されている。以前、友人の紹介で文部科学省の学校施設の担当者に木造化のレクチャーをしたことがある。その時は学校の木造化の必要性を訴えたが、まだそうした機運が起きていなかったので好反応は得られなかった。その後、地方で試みる事例が増えるなかで、林産地域などで学校の木造化が推進されていった。かつて日本の学校の多くは木造校舎であった。戦後一斉に不燃化され、ほぼ全国の学校建築が非木造建築になってしまった。しかし、その学校建築は建て替え時期が迫ってきている。2010年の「木材利用促進法」の流れを受けて、木造化される学校建築が増加している。

　米国では、新たに整備される学校建築は、積極的に木造化されている。共通しているのは、中心に置かれたエントランスホールと図書館が、吹き抜けの大空間でどこからでもアクセスできるようになっていて、学校生活の中心となっている点が特徴になっていた。教室は2層で計画されるものが多く、コア部分を不燃化した平面混構造を採用して防耐火性能を確保している。構造に使われるものは主に大断面集成材で、接合金物をデザインして露出して見せている。そして、学校というプログラムから大小が混在する空間を持っているが、構造形式は経済性からプレハブリケーションされたパネル工法が導入され、大空間では、大断面集成材の架構に2×4材で加工されたパネルを複合させていて、明るく軽快な空間をつくり出している。

ポートランド市／「ワイデン＆ケネディ広告代理店」の事務所ビル（外観）

同左、「ワイデン＆ケネディ広告代理店」の事務所ビル（内観）

シアトル市郊外／住宅街にある木造2階建ての小学校（外観）

同左、小学校の中心にある吹抜けがある図書室（内観）

F.　公共建築：市役所・図書館

　米国では木造建築の公共施設が積極的に整備されている。シアトル市郊外にある3層の庁舎建築は、基本構造を大断面集成材で構成し、壁はプラスターボードの二重張りで仕上げられている。1階の議場は市民の集会、コンサートなど多目的ホールとして利用されるために、室内は大断面集成材の架構をデザインして市民に開放できるように計画されていた。

　また、ポートランド市郊外の公共図書館は、コンペによって選ばれ、日本の木造建築を意識した米国の建築家によって繊細なインテリアデザインを構成していたのが印象的だった。建築は下層を鉄筋コンクリート造で上層階が木造建築の立面混構造である。上階の図書室の空間が特徴的で、湾曲集成材を4本束ねた柱をグリッド上に配置して、水平屋根の梁架構を支えている。トップライトと高窓によって明るく軽快な図書空間をつくりだしていた。米国ではあまり見られない繊細な納まりが各所に取り入れられ、大胆な架構体だが納まりが良く、高質な木質空間が実現していた。

ポートランド市郊外／公共図書館（外観）

同左、公共図書館（内観）

シアトル市郊外／市庁舎（外観）

同左、市庁舎エントランスホール（内観）

G. 商業施設の木造化

　ポートランド市では商業施設の木造化を見学した。建設中の商業施設は 2×4 工法と集成材架構を組み合わせていた。米国の商業施設では、常に鉄骨造や鉄筋コンクリート造とのコスト比較が厳しく、コスト競争にさらされているので、各部の納まりは日本の木組みとは異なり少し大雑把であるが、求められる空間に対して必要な構造システムを合理的に選択しているため、見方を変えれば、新たな木質空間として捉えられる。ポートランド市郊外にある「ニューシーズンズマーケット（NSM）」は、1年に1店舗を出店しているローカルファーストなニューシーズンズマーケットの施設では、小断面材を使った大スパントラス梁で無柱の店舗空間を確保するなど、新たな商業空間が木造建築で実現していた。

　また、西海岸のカルフォルニア州カーメル市は、リゾート地として有名である。この町の中心にあるショッピングセンター「カーメルプラザ」は、中庭空間を囲んでいるロの字型の空間構成の建築である。建築は3層の木造建築でデッキや階段まで木材が使われ、心地よい買い物空間を実現させていた。

　このように商業施設では、木造建築の事例を数多く視察することができた。開発会社においても木造建築の経済的な優位性を確認できた。

シアトル市郊外／市庁舎（内観）
議会場はコンサートホールとして公開

カーメル市／木造3階建てのカーメルプラザ（外観）

ポートランド市郊外／ニューシーズンズマーケット（内観）

サンフランシスコ市郊外／新しい商業施設の現場（内観）

3－4　欧州の場合

　欧州では２度の世界大戦で多くの歴史的な木造建築を失ってきたが、戦後はいち早く再建に取組んでいる。従って伝統的な木造建築をつくる欧州の木造技術は、切れ目なく現代の木造建築まで継承されている。さらに日本とは異なり、伝統的な木造技術を、その後の研究開発によって現代の木造技術に進化させている。特にスイスのローザンヌ大学のナッテラー教授の木造建築研究は際立っており、教授の研究室からは技術開発によって世界に影響を及ぼす木造建築が発信されてきた。欧州の国々は、世界有数の森林資源を保有しているため、こぞって木造建築の歴史を持つ。そのため次々と新たな木造建築の試みが発表されている。現在は、木造建築を推進するために防耐火基準が緩和され、公共建築の木造化、高層化が進んでいる。

　2011年にオーストリアのブレゲンツ市を訪れた際に、Cree社のオフィスビルのプロジェクトに出会った。なんと１日に１層ずつ建設され、８階が約１週という速さで建設されていたのを紹介された時は驚きであった。こうした建築は、近年注目されているクロスラミナティンバー（CLT）構法を採用しているが、剛性の高いパネルが制作できるため、プレハブリケーションした大型パネルを現場に運び込む構法で施工日数の短縮を図っている。これも他の構造とのコスト比較、CO_2削減効果などの環境面から、社会的コンセンサスができていることは素晴らしいと思う。CLTは日本でも取り組み始め、やっと防耐火や構造の性能が実験で確認されてきたので、今後拡がってゆく技術である。欧州は歴史的に多層階木造建築の先進地である。石造建築が主であると考えられているが、都市に集まって住むために、外壁が石積みで横架材が木造の複合建築が古くからつくられてきたので、多層階に対する開発が進んでおり、様々なノウハウが蓄積されている。

ライフサイクルタワー（外観）

ライフサイクルタワー のファサードとフロアの断面パース

ライフサイクルタワー（内観）

A.　木造事務所ビル　：　ライフサイクルタワー（LCT）――――

　スイスのブレゲンツ市にある Cree 社が 2009 年に研究開発を始め、2011 年 9 月にオーストリアのドルンビルン市に実現させた事務所ビル「ライフサイクルタワー（LCT）」は、主要な木構造を不燃材で被覆する木造建築とは異なり、防耐火性と構造性を確保しつつも、被覆されない木材面が室内空間に表わされていることが特徴の木造建築である。平面混構造の 80 階建てで、階段やエレベーターのコア部分を先行して鉄筋コンクリート造で建設し、その後、あらかじめ工場で製作された大型 CLT パネルをきわめて短時間で組み立てられるシステムを開発している。面材で作ることによって高耐力の床と壁が確保できる。柱と梁のフレームに、後から面材で補強する構法よりも合理性がある。あらかじめパネルの中に設備配管等を工場でセットできれば、更に工期の短縮が図れる。CLT は木材利用面では優位性があり、今後は日本で展開するためには、パネル相互の接合方法や標準化した金物システムを開発する必要がある。

B.　老人介護施設　：　ドルンビルン老人介護施設　――――

　オーストリアのドルンビルン市の老人介護施設は鉄筋コンクリート造である。しかし、外壁は木材で仕上げられ、内装もふんだんに木材が使われて木質化率が相当高い空間である。外壁に木材を使う理由を聞いたところ、この建築の外壁は外断熱で、木材を隙間を開けて貼っている。景観に配慮して外部を木質化し、室内環境の性能を確保する点などから、欧州の考え方に学ぶべきことが多かった。日本の鉄筋コンクリート造の学校建築の改修の際に使える考え方だ。外観は、木材が変色してまだら模様になっている。日本ならすぐに問題にされそうだが、欧州の人たちはこれが自然素材の表情で、その変化を受け入れるのが当たり前とのことであった。均質な木質を求める日本人では理解しがたい点があるかも知れないが、自然の木材に対するこうした考え方も学ぶことが多い。

ドルンビルン市／老人介護施設（外観）

同左、老人介護施設内のホールと吹抜け（内観）

C. 集合住宅　：　ブレゲンツ集合住宅　————

　2011年に竣工したブレゲンツ集合住宅は、次世代の集合住宅を目指したプロジェクトである。開発にあたって、木材資源を最大限に活用することを目指したそうである。この会社は8階建ての木造オフィスビルも手がけている。徹底したエコ建築をめざし、必ずしも純木造でないにもかかわらず、木材のもつ魅力を引き出している。地上4階・地下1階建てのインゲン豆のような平面形に、1棟約30世帯で4棟が建設されている。地下に駐車場や機械室、上層が集合住宅になっている。住んでいる住民は環境意識も高く、こうした開発コンセプトに共感して購入しているようだ。建築は床を鉄筋コンクリート造に木の床で仕上げ2重スラブとしているので自由な平面計画が実現している。基本構造は、床がＲＣ造、壁がCLTパネル、庇の先に鉄骨の柱を建てる木質ハイブリッド構造である。設備は、木チップを使った暖房システム、ソーラー発電、ゴミ処理システムなど、総合的なエコシステムが導入されている。これからは様々なハイテク技術が開発されるので、自然素材の活用とともに様々な技術を適材適所に組み合わせて、持続可能なシステムを備えた建築をつくり出していくことが大切であることを学ぶことができた。

ブレゲンツ市／ブレゲンツ集合住宅（全景）

同上、ブレゲンツ集合住宅（外観）

同上、ブレゲンツ集合住宅（テラス）

D. 医療施設 : 脊髄・脳損傷患者のためのリハビリテーションセンター

　2002 年、スイス・バーゼル市にヘルツォーク＆ド・ムーロンが設計した、脊髄・脳損傷患者のためのリハビリテーションセンター（REHAB Centre Basel）は、CLT パネルを使った木造建築である。建築は地下 1 階地上 3 階建てで、2 階には全面バルコニーが設けられ、さらに深い庇の先端にガラス庇を設けて暗くなることを避けている。また、水平の木製丸ルーバーを吊り下げ、太陽光の調光と通風を制御している。木造建築では、深い庇の存在が重要であり、この建築もそうした工夫により、自然環境を取り込んだ建築性能を確保しているのがわかる。さらに、そうした装置が、この建築の意匠の特徴にもなっている。内部も CLT パネルが室内に露出しており、医療施設において木質空間が実現されていた。

　欧州では、木造建築の経済的合理性を求める北米とは異なり、木造建築の新たなデザインに積極的に取り組んでいる姿勢に学ぶべきものがあった。

スイス・バーゼル市／脊髄・脳損傷患者のためのリハビリテーションセンター（REHAB Centre Basel）（外観）

同上、透明感のある庇と木ルーバー（外観）

同上、庇空間とウッドデッキ（内観）

4　木造建築のデザインを考える

4－1　公共建築の木造化を考える
4－2　森林資源を活用する木材活用
4－3　公共建築の木造化の背景
4－4　現代の木造建築のデザイン
4－5　現代の木造建築は、環境・芸術・技術
　　　の統合によって創造される

小田原市の「NPO おだわら名工舎」の大工がつくる茶室ユニットで茶会を体験

4　木造建築のデザインを考える

4－1　公共建築の木造化を考える

　2012年の「国際森林年」は、本格的な木造建築を普及拡大する機会を与えた。そして、公共建築は木造化が本格的に推進された。我が国は豊富な森林資源を活かして木で建築をつくる長い歴史を持ち、木造建築の意匠・構造・工法は極めて高いレベルに達していたが、残念なことに震災、戦災などによって公共建築の非木造化が推進され、一部の社寺仏閣と住宅は木造でつくり続けられたが、公共建築では継承されず現代に至っている。従って、法令制度、意匠開発、技術開発、技術者育成が充分に行われてこなかった。最近は、姉歯偽装事件による法制度の厳格な適用や品質確保に重点が置かれ、建築の新しい試みなどが難しい状況にある。公共建築の木造化は、社会に大きなインパクトを与え、地球温暖化問題や環境共生都市など、持続可能な循環型社会を構築するためには大きな力となる。
　そこで、本格的な普及に向けて木造建築のデザインの展望を述べる。

4－2　森林資源を活用する木材活用

　日本は、世界有数の森林国家で、国土に占める森林面積の割合が約3分の2と多く、木材の蓄積量も毎年増えて豊富で、北欧フィンランドに次いで世界第2位である。その森林資源を活用して持続可能な循環型社会を築き上げることが、現代の私たちの使命でないだろうか。そのためには、環境・産業・文化・交流の四つの視点から考えることが大切になる。

三重県伊勢市　伊勢神宮

A． 環境
　二酸化炭素の削減や温暖化など、地球環境問題の克服、我が国の森林・林業の衰退からの脱却を図る。持続可能な循環型社会を構築するには、適性に地域の木材資源を活用して木造建築を建設することによって、都市の中に「第二の森」を実現する高炭素蓄積社会を目指すべきである。

B． 産業
　国内の森林資源の活用を総合的に見直し、銘木主義から脱却し、森林資源の情報と流通の透明化と公開性を高め、木材関連産業の技術向上と連携によって、高温高圧から低温低圧の循環型産業への転換を図り、新たな成長戦略とするべきでる。

C． 文化
　日本独自の木造技術が衰退し、木材の活用を制限する法律が残されているが、伝統文化を継承しながらも現代の最新技術を反映した木造建築を創造することによって、木造文化の再生を図らなければならない。

D． 交流
　これまで欧米の木造技術の導入に力を注いできたが、日本の独自の木造文化を見直し、再評価をして、環境に適合させる優れた先端技術に育て上げることによって、その文化と技術を使ってアジア地域の国々と交流することが求められる。

奈良市 興福寺の五重塔

4－3　公共建築の木造化の背景

A.　循環型社会のモデル

　日本は古来よりの素朴な神社建築に大陸から木造の様式と技術を取り入れ、「法隆寺」をはじめ多くの木造建築をつくり、意匠・技術・構法を洗練させ独自の木の文化をつくり上げてきた。木造建築では木の生育期間と同じだけ耐久性があると言われているが、「伊勢神宮」「錦帯橋」のように一定の期間に建て替えることも、材料の育成や技術の伝承の面で、木造建築ならではのスタイルであり、循環型社会の良きモデルである。

B.　木造の二つの流れ

　日本の公共建築は、明治維新、関東大震災、第二次世界大戦の三度の革新の機会があった。明治時代には、当初公共建築は木造でつくられ、次第に洋風化が推進され、「鹿鳴館」のような石造・レンガ造に変わる。しかし、兵舎や教会をモデルとした華麗な木造の公共建築が各地でつくられている。大正時代には、鉄筋コンクリート造が本格的に導入される一方、偽洋風の看板建築などの木造の都市建築がつくられた。関東大震災で耐震性の高い洋小屋組みが評価され、復興建築は和風意匠でも洋小屋組みが取り入れ広く普及していった。昭和時代には、第二次世界大戦後の復興で、都市建築の耐震・耐火を確保するために非木造化が一気に推進された。従って我が国の木造建築には、歴史的和風建築と明治以来の洋風建築の二つの流れがある。

C.　外材・技術の輸入時代へ

　日本の木造建築が戦後新たな動きを始めるのは 80 年代である。日米貿易摩擦の経済問題の影響で、外材利用の促進、2×4 工法の導入により今日のハウスメーカーの台頭を促した。大・中規模木造建築がつくられるようになり外材や金物接合の架構技術が導入されて素材と技術の輸入時代となる。一方、国内の研究開発も行われ、国産材の活用が進み、地域経済の疲弊といった国内経済問題から、地方の公共建築では木造化が進められたが、都市の公共建築等には広まらなかった。そしていま、公共建築における木造建築のスタイルを新たにつくり出す絶好のチャンスとなる。

D.　現代の木造建築へ

　現代建築は工業製品の鉄とコンクリートとガラスなどを駆使することによって発達した。この三つの素材が建築の発展に大きく寄与した。一方で、これまで時代遅れと見なされてきた木と土などの自然素材が、環境時代を迎えて建築材料として蘇りはじめている。日本には独自の歴史的な木造建築が数多く存在し、また近代以降つくられた洋風建築も数多く保存されてきた。しかし長い間に蓄積されてきた木造建築の技術やデザインが現代建築には活かされていない。一方で木材の技術的な研究が始まり、先進的な建築家や構造家が試みた木造建築等の成果によって、現代の木造技術やデザイン開発が行われてきた。このような成果を活かすことによって新たな木造建築を考える道が開かれている。

グローバルな循環による木造建築

ローカルな循環による木造建築

4－4　現代の木造建築のデザイン

A.　「木なりわい」の循環の再生

　木造建築は、森林から街を繋ぐことが大切である。日本の地域には、地場の木材と職人の技術によって個性ある木造建築がつくられ、地域ならではの生活様式が形成される「木なりわいの循環」が色濃く残っていた。これからの公共建築の木造化・木質化を考えるためには、地球環境共生の視点から「木なりわいの循環」を活かしてデザインを構築すべきである。

B.　公共施設の木造建築のデザイン

　これからの公共建築の木造デザインは二つの視点から考えるべきである。一つはグローバルな循環の視点。日本は豊富な森林資源を保有して、年間森林育成量に匹敵する年間使用量になっているにもかかわらず、年間使用量は3割にとどまり、7割以上を世界から安価な木材を輸入している。流通木材は産業化が進み品質管理や性能保証された多様な木材製品が生産され、自由に使いこなせる状況である。しかし、国内産の木材に限ると流通量が少なく品質にもばらつきがある。公共建築に使用するためには国内産の木材の状況を反映した都市における新たな公共施設の木造建築のデザインの開発が求められる。

　もう一つはローカルな循環の視点。地域内の木材と小規模な木材関連産業を連携させてつくる方法である。産地では多様な木材が産出され、多くが地域外へ流通されるが、丸太材、曲がり材等の特殊材は流通から外れる。しかし、小さな製材所で加工し、地元の大工や工務店が施工すれば、地域の個性を活かした建築スタイルがつくりだせる。

　こうした活動を理解する柔軟な発想の建築家や構造家が求められており、地域内循環させる内発的ネットワークを構築する必要がある。日本は、これから国内の木材の積極的な活用時代を迎える。かつてのような「木造建築の復権」のために、これらの二つの方向を両輪にして、木材活用の仕組みづくりを再構築し、公共施設の木造建築のデザインの開発を積極的に推進しなければならないと考えている。

4−5　現代の木造建築は、環境・芸術・技術の統合によって創造される

　現代の木造建築は、次の3つの要素を統合するところが目標となる。

A. 環境

　地球環境を持続させるためには、建築に「木」「竹」「土」等の環境循環型素材の積極的な導入と活用が重要となる。

B. 芸術

　新たな社会は、人間の五感を豊かにする、木の素材を活かした、創造性の豊かな空間表現が求められる。

C. 技術

　素材への探求と技術革新による木造技術の追求は、伝統的な木造の技術を背景としながらも、社会が求める性能を満足させながら木材と技術の適材適所を進めると、おのずとハイブリッド（複合）技術が今後の木造建築の可能性を拡張する。

　この3つのテーマは互いに相反する位置にあったが、様々な現代の技術によって融合が図られるようになってきた。建築に木を使うことで初めて目に見えるかたちで実現出来るように思う。先人達のイマジネーションの豊かさは現代の私たちにも未来への創造力をおおいに喚起してくれる。木造建築のデザインは無限であることがわかる。

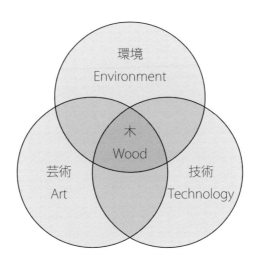

5 木造建築の設計

5-1　計画着手前の情報収集
5-2　木造建築の木質構造
5-3　材料の入手ルート
5-4　材料の製作期間
5-5　木造建築物にかかわるコスト
5-6　今後に向けて

木架構モデルについて若いスタッフと打ち合わせ

5　木造建築の設計

　自然素材である木で建築を設計するためには、森林・林業の現状と国内に流通している木材を把握し、これまで実施された木造建築の事例情報を集め、その試みの本質を見極め、法的、技術的な課題と可能性を理解することが大切である。そして、公共建築の設計を視野に入れて1999年に策定された「木造計画・設計基準」をはじめ、その後の技術基準等によって、設計の流れを把握して今後の設計活動に活かすことが大切になる。ここでは、建築計画における基礎知識を述べる。

5-1　計画着手前の情報収集

　木造建築の設計では、法令制度、地域材の流通・加工、最新技術などの最新の情報を入手することが着手前に必要である。公共建築は、公益性・安全性などを確保する観点から、住宅建築とは異なり、荷重条件が厳しく、柱間のスパンも大きくなる。建設する地域、建物の用途・規模によって様々な基準に適合させなければならない。その場合、建築基準法が基本となり、2000年6月の改正において、建築の性能規定化が推進され、RC造等と同等の防火性能を有する木造建築物の建設が認められ、様々な木造建築物が建設されるようになった。同時に、新たな技術開発も行われ、その成果を取り込み、日々進化する技術を学びながら設計しているのが現状である。しかし、他の構造に比べて、まだ馴染みが薄く、これまで木造建築の経験がないと複雑な設計の過程を経て実現されると考えられて、積極的に取り組まれないのが現状である。

　公共建築の木造化は、2010年10月に施行された「公共建築物等における木材の利用の促進に関する法律」によって一変した。この法律によって日本における木材活用に追い風が吹いている。
そして2011年5月に木造建築物の設計の効率化等を目的とした「木造計画・設計基準」が策定され、木造建築の技術方針や設計指針が明確化されたので少しは明るさが見えてきた。更に、2012年6月には公共建築物、施策等をまとめた「公共建築物における木材利用の取り組みに関する事例集」、2013年2月に全面改定の「公共建築木造工事標準仕様書」、2013年3月策定された「官庁施設における木造耐火建築物の整備方針」、同年6月に公表された「公共建築のける木材利用の導入ガイドライン」、2013・2014年「木材利用した公官庁施設の整備コスト抑制手法の検討」など順次策定・公開が進められている。これまでの5年間の実施状況を把握して具体的な事例を参考に施策の見直しが行われ、新たに2017年から2022年の期間を定めて改訂がおこなわれる。これらの技術基準を把握しておくことが重要である。

木造建築設計のプロセス

設計段階	1. 企画	2. 基本構想
意匠 (設計者)	・コンセプト ・基本的デザインの考え方	・建築テーマ立案 ・各種法令把握 ・基本建築デザイン案作成
構造 (構造設計者・木質構造家など)	・最新木構造例収集 　(国内外の事例の把握) ・各種技術データ入手 ・最新研究データ収集 　(学会をはじめとする研究情報)	・各種技術基準確認 ・木架構システム提案 ・全体構造計画
木材・技術・施工 (森林組合・林業関係企業・ 施工企業・大工・工務店など)	・森林・林業現況 　(使用森林・林業の現地確認) ・木材の流通・加工 　(JAS工場の確認) ・最新木事事例収集 　(国内外の事例の把握)	・地域木材の把握 　(JAS材の確認) ・加工技術の確認 　(加工技術力・工場の確定) ・品質とコストの把握

私は、これまで数多くの木造建築を設計してきたが、それでも、新たなプロジェクトに取り組む際には、最新の情報を収集し、把握するように心がけている。そして、設計時には、「一般社団法人木を活かす建築推進協議会」が、2000年11月に出版した「木造建築のすすめ」を活用している。この冊子は、誰でもダウンロードでき、建築タイプ別に設計指針が示されていて、基礎的な知識が得られ、大変便利なので、ぜひお勧めしたい。

　公共建築は、その建設される地域によって、木材の材種・性能・流通などが異なっている。今回の法律の趣旨からすると、国産材を中心に地域材を優先的に使うことを考えているので、事前に地域材の特性・生産量、流通経路などを把握しておくべきだと思う。生産量が多い地域ならともかく、少ない場合も考えられるので、まとまった地域材を確保するのは難しいため、あらかじめ手配が必要になることが多い。単年度予算で建設する公共建築が多いので、素材の確保が重要になり、発注時期と伐採時期が重なるために木材の確保が難しくなる。充分な計画準備が必要となり、このことが、公共建築の木造化のハードルを高くしてしまい、これまで実現できなかった理由の一つである。おそらく、この機会に、木材需要が増加すれば、常時、地域材をストックする体制も整備されるようになり、そうした手配の煩雑さが軽減されると思う。さらに住宅クラスの木材で設計すれば比較的容易に手に入る。このように高度な技術を使わず汎用性のある木材や技術を組み合わせる方法など工夫して行くことが求められてくる。

　現在、流通している国産材のJAS材は約3割しかなく、急な発注の場合、充分に確保できない。特に、非住宅部材で、JAS認定の地域材を大量に確保するには、供給体制を見直して、総合的な製材・流通経路の整備を進めるべきである。木材関連の情報は、輸入材でなければ、立地周辺の産地の行政、森林組合、木材市場などから木材情報を収集できる。また、最新の技術開発の情報は、体系的に入手するのは難しく、これまで木造建築に関わった木造構造家・木材研究者・木造研究者・防災研究者など、各種の研究機関の情報を把握することが大切である。あるいは、民間の集成材メーカーや木材商社などは独自に研究開発しているので、多数の実施例など民間からの情報もヒアリングする必要がある。

3. 基本設計	4. 実施設計	5. 施工
・基本プラン作成 ・設計条件反映 ・全体概算予算把握	・詳細設計作成 ・全体工程・仕様書作成 ・設計工事費作成	・設計監理 ・品質監理・製品検査 ・施工図・工程監理
・木構造提案 　（架構システム・接合方法の確定） ・材料性能把握 ・構造コスト把握 　（概算材料費・加工費・施工費）	・木架構の詳細設計 ・加工・制作図・仕様書作成 ・構造コスト把握 　（材料費・加工費・施工費）	・木架構のモックアップ作成 　（木架構システムの確認） ・接合部の原寸モデルの作成 　（基本接合部の原寸モデル作成） ・性能監理・製品検査
・材料確保 　（加工日数・数量・運搬など） ・施工計画 　（調達・加工・運搬・施工） ・コスト計画 　（材料費・加工費・施工費の算定）	・材料確認 　（最終数量・仕様書確定） ・工程表を作成 　（最終施工の詳細計画の作成） ・施工コスト作成 　（最終詳細施工の作成）	・加工図作成・製品検査 ・木架構部材製作 ・接合部製作

木造建築の構造計算は、構造解析の技術だけで不十分で、特に接合部の設計が一番重要になる。木の特性をよく把握して、経験豊かな構造家に依頼することが大切である。民間企業の木造システムも、建築計画に適合するならば使うべきである。いずれにせよ、木に関して幅広く精通している構造家は、まだまだ日本では少数なので、技術開発と共に、人材育成が必要になり、建築家も、その経験技術を学んでおかなければならない。

5－2　木造建築の木質構造

　木造建築では、他の構造の建築に比べて構造システムが建築全体の空間やデザインに大きく関与してくるため、最近の構造分野の課題を整理して考えてみる。

A．構造の変化

　木造建築の構造は、「木構造」から「木質構造」へと名称が変わっている。これはかつての木造建築が製材と大工技術を中心につくられるようになっていたことによる。しかし、近年、合板や集成材のような工業製品の木質材料が生産されるようになり、より構造性能が安定した部材が得られ、計算に載るようになることによって構造計算が可能になってきたことから「木質構造」と呼ばれるようになり、それに伴い構造の考え方も幅広くなり、変化が起きている。木造建築の構造は、4号申請のような簡単な壁量計算から、許容応力度計算等の構造計算が必要な建築に移行している。そして、木造で建てる建築の規模の拡大に伴い木材量が増え、材質も製材から集成材へと移行してきている。さらに架構が大型化することにより接合部の応力も大きくなり、高度な接合システムが必要になっている。

　こうした建築の多様化、複雑化によって、接合部の性能が求められるようになり、接合金物の新規開発が行われてきた。そして、複雑な躯体構造に対応した構造計算が要求され、特殊金物の需要が高まっている。一方で、建設コスト削減のために、一般の流通接合金物を活用する方法も検討すべきである。そして、公共建築の場合には、設計施工の分離が求められているので、かつてのように設計施工が一体で行われきた木造建築のノウハウは、分業化され、蓄積の無い設計者は新期に取り組みにくくなっている。従って、施工のノウハウを設計に活かす方法を検討して行かなければならない。そうした対応が不足している。

産地の森林を見学（神奈川県小田原市）

B. 今後の課題

　今後の木造建築における木質構造を発展させて行くためには何が求められるのかを整理する。
おそらく最初に取り組むべきは、木質構造の建築の経験と理解が不足しているので、まずは意匠設計者に対して、そうした機会を増やして行く必要がある。更に、構造設計者の木質構造の経験不足も明らかで、そうした機会を増やして行くことや人材育成に力を入れることが重要になる。

　木造建築を増やしてゆくには、行政の対応の悪さや判断と責任回避の体質も改善してゆく必要がある。法律が施行された以降のデータを見ても、公共建築の木造化が進展されていないことからも分かる通り、公共施設の木造化、木質化への理解不足は我々が日々行政との間で経験していることでもある。国の進捗状況は、2014年度での整備された施設のうち、階数3階建て以下は全部で100棟、延べ床面積 11,769 ㎡で、木造化されたのは 32 棟、4,047㎡であるので、木造化率は 32,0％で、内装の木質化は 172 棟である。合計すると木材使用量は 2,705㎡になる。輸入材の使用率は約 30％である。木造化率は 50% を目指しているので達成できていない。法律施行以来約 6 年が経過しているが新しい試みも増えてきているので、設計基準が見直されることが望まれる。

　次にあげられるのが価格情報の不足である。木材産業では生産価格が明確でないことなどから価格情報が合理的に手に入る仕組みができていない。輸入部材と国産材の価格差なども起因して、公平で公開性の高い市場価格が形成できていない。補助金制度なども影響して、実態経済が把握しにくく、価格形成が把握しにくい。特に地域材を使う場合などには、これまで住宅を前提とした流通体制なので、幅広い需要に対する価格形成が対応できていない。さらに木質構造の難しさもあって、混構造などの位置づけが明らかでない。最近の指針がやっと示されているが、経験不足が明らかで、他構造の様に明確でない。そして、大型化に伴った流通金物の必要性を確認している者が少なく、さらにそうした開発も不足している。その意味では木製品と共に金物の製作や流通も見直してゆかなければならない。

　最後に、難しい木構造に対して、技術革新へのより積極的な挑戦と努力が求められる。

森林の現場で樹齢を確認しながら利用法を考える（神奈川県小田原市）

5－3　材料の入手ルート

　日本は、国内に森林資源を豊富に保有していながら、大量の木材を世界から輸入している。外国産の木材は、流通経路・品質管理がしっかりして、輸入体制ができているので比較的に安定して入手が可能であるが、国内産は、地域にばらつきがあり、流通体制も不十分で、住宅部材の流通は確立しているが、規模の大きな単発的な需要に対応できていないのが現状である。最も課題となるのは木材性能で、公共建築に用いる木材は、建築基準法では、基本的にJAS認定材料か同等以上の性能を有する木材を使用することが求められている。しかし、国産材の供給は、地域格差があり、充分に製作できていないことが課題として残っている。まして、地域材を活用するとなると、各県でもばらつきがあるので、設計前にあらかじめ木材や加工、そして入手ルートを確認しておかなければならない。

　木材の入手方法は、設計の手法によって異なる。たとえば、建築設計が、計画先行型か材料先行型かによって建築のデザインが異なってくるので、その事例を挙げて説明する。

A.　計画先行型建築　「空海ドーム：1988」
　計画先行型の建築は、まず建築計画を進め、空間構造の方向性やデザインを決める。そして、構造計画がある程度固まった段階で、各部の木材を選定し、架構システムや部材寸法を決定する。中・大規模木造建築になると、特殊な木材や性能が必要とされる。製材の場合は、特殊な部材は確保しにくいので、おのずと材種・形状・価格・性能などが把握しやすい集成材を選定することが多くなる。「空海ドーム」の場合は、架構システムが優先され、製作範囲内の集成材で対応した事例である。

B.　材料先行型建築　「石匠館：1993」
　地域の木材情報を先行入手し、木材の性能や形状を把握してから、木材性能を最大限に活かす建築空間や空間構造を発想する。地域材は、森林管理の状況によって、様々な木材が産出される。従って、必ずしも性能が一定でなく材質が異なるので、どのように活かすことができるか、個性を読み取る設計者の力量が試される。熊本県八代市東陽村「石匠館」は、地元の丸太を3本掛け渡したシングルレーヤードーム架構で、地域材を活かした良い例である。木材の入手ルートは、国内外の情報をいちばんもっているのが商

土場（どば）に集積している原木丸太を確認する（静岡県天竜地区）

社や材料メーカーである。しかし国内の地域材は、各産地の森林組合、木材市場などになる。特に JAS 材を入手する場合は、あらかじめその地域の JAS 認定工場の有無を確認し、立地していない場合には、近くにある工場の場所を確認しておくべきである。そして工場ではどの様な製品が生産されているのか、生産内容、生産能力を把握する。米国の輸入材を使っていた時には、現地まで訪問して森林から乾燥、製材、加工までを確認したこともある。さらに、製材は断面が揃わない場合もあるので、あらかじめ産地と相談して使える木材を決めておくのも大切である。そうでない場合には集成材などのエンジニアリングウッド・ED を使うことになる。近くに乾燥工場や加工工場が立地していない場合には輸送費がかかり施工費のコスト高の原因となる。

　このようにあらかじめ流通している木材の状況を把握することは大切で、地元で確保できない場合には、近隣、県域、隣接県域、全国と広げながら情報を入手して、木材の樹種、サイズ等を選考し、木材性能の含水率・密度・収縮・膨潤・熱的性質・機械的強度・色・劣化（細菌作用　食害　退色）などを前提として、確保できる木材製品で架構システムを設計する必要がある。入手先の森林で一番安く、大量に伐採される木材を使うことが結果的にはコストを下げることになる。

製材された木材を確認して設計に活かす（神奈川県小田原市）

5－4　材料の製作期間

　木材は、伐採時期がある。公共施設は単年度予算で整備されること多いので、木造には不向きで、木材の確保から考えると複数年に亘る事業になる。それがハードルを高くしている一番の要因である。木造建築は、特殊部材になると入手が困難なため、木材情報や加工工場の位置や能力などの地域情報を把握しておく必要がある。木材の製作期間は、建築の規模によって異なるため一概に言えないが、中規模の木造建築で伐採期間が約１ヶ月、製材・乾燥期間が３週間から１ヶ月、自然乾燥を入れるとさらに期間が必要になる。集成材の場合は、更に約１ヶ月程度の製作期間が必要になる。最終的に架構に合わせて部材を製作するには、普通の工場で、日産20～30㎥程度で、短期間の場合には、複数の工場で請負業務を分担させる。建設段階に合わせて順次、加工・搬入を繰り返す方法もある。それでも約１カ月は必要になる。従って、木材の製作期間は、伐採から、製材、乾燥、部材製作、設計に合わせた架構製作をするとなると、約３～４ヶ月は確保しておくべきで、事前調査を充分に行い設計の進捗状況に合わせ、さらに地域の実情を踏まえて計画に織り込んでおくべきである。

　設計者は、地域を把握し、木材流通を理解した上で、自らの構想力におごらず、木材を変幻自在に使い分ける設計力を身につけるべきである。優れた木造建築には必ず、材料の選択から空間構造、そして詳細に至るまで一連のデザインや技術の流れがあり、総合的に編集されて納められている。

産地で森林資源の現状を確認して利用計画を立案する（静岡県天竜地域）

5－5　木造建築にかかわるコスト

　木造建築のコストは、他の構造でも必要なことだと思うが、非合理的な商習慣が残っているので、設計者は自ら、材料費・加工費・施工費を把握することになる。木材の使用量が建設費に反映してしまうので、建築計画に当たっては、当初に他の類似の木造建築の木材使用量を把握する。いろいろなタイプや規模の建築が存在するので一概にいえないのだが、平屋の大空間の場合には、金物接合を使用する架構システムで、木材使用量は約0.2～0.25㎥／㎡の範囲で、在来軸組の場合には木材量が増えて約0.3～0.35㎥／㎡を目安に計画している。

　数寄屋建築は、これまでの伝統形式に沿って建築されるので高価になると考えられている。これは、形式美を固定して実現するためで、現代ではなかなか手に入らない貴重な素材や技術になっているためで、我々は誤解をしている。数寄屋建築の本質は、決して高価な木材や技術を使っていたのではなく、実は自然の中から一番手に入りやすい木材を使うから安価であるし、一番普及している技術を使ってつくることで安く作れた。大木や製材された木材は機械が無い時代には高価なものなので、貴族や寺社仏閣でなければ使えなった。雑木林から採ってきた曲がった木材をそのまま柱や梁に使い、その間を土壁で塗り込めていた。それが後世になって美化され、茶の世界と結びつき完成されたのである。現代の数寄屋建築は、この本質から学べば、豊富な森林から大きく育った木材を切り出して、太く製材して、沢山の量を使い、プレカットで加工してつくることなのかもしれない。

　いずれにしろ、いま私たちが手に出来る木材を「捌く（さばく）」ことで、木材を見極める力を備え、大胆な創造を発揮することによって成し得るもので、そうした精神性を反映すれば、現代でも自然素材の木材を使うためには「適時適所」を考えなければならない。その結果、現代の経済性にかなうものになるはずである。

　木造建築の公共施設の建設コストは、住宅建築では積算基準が経験的に示されている。筆者の場合には、設計の出発時から、木材価格や施工価格を、経験豊富な中小の集成材メーカーや加工企業の参加を呼びかけ、情報を得ながら設計を進めている。最終的には、材料価格、加工費、施工費の見積りを数社から取りながら設計工事費に反映している。

森林からは多様な木材が産出される（奈良県桜井市）

住宅建築の場合には、ある程度過去の仕事から大工手間は把握できるし、積算物価等でも人区数が示されている。一方、特殊部材を使う中・大規模木造建築は、設計の段階から加工や施工の作業方法を検討しながら何度も打ち合わせを繰り返し、その後ある程度合意できる施工費を模索する。最近は木造建築の事例も多くなり経験が積み重ねられてきたので、標準化された工事費はまだ整備されていないが、ある程度は予測ができるようになった。このあたりの調査研究が今後も必要になる。

5－6　今後に向けて

　日本の森林資源を適正に利活用するためには、少子高齢化、人口減少のなかで、再整備される公共施設の整備量を安定化させ、その上で需要と供給のバランスを整える必要がある。そのためには木材の供給面で木材品質の等級を明らかにして、その木材情報を広く公開できる全国的なデーターベースの整備が求められる。そのためには、現在の県単位でない産地の再編が重要になる。その上で整備が必要な地域には新たな投資を行い無駄のない供給体制を整備する必要がある。木材価格や供給を安定させるためには、住宅への木材の供給システムのように、常時供給体制を整備することが急務である。そして設計者は国内の地域材についての知識を持ち、地域で最も需要のある学校や公民館といった中・大規模木造建築を設計する場合には、常時流通している住宅部材をもっと活用する設計を進めるべきである。こうした流れをつくることで普及拡大や安定供給が実現できる。

　全国的な地域材を扱えるようにするためには ICT 化によって全国の地域ごとの品質と量を把握できるデーターベースを整備するべきだと思う。地域材は地域で利活用することが良いことなのだが、全国の需要と供給は偏在しているので、出来るだけ流通コストをかけないように、都市と地方がこのデーターベースによって経済循環を図るようにするべきだと考えている。

製材後の木材は倉庫に保管される（奈良県吉野地域）

これまで国は税金を投入して日本の森林・林業を守ってきた。今後も継続して行かなければならないが、現状は、日本で使っている木材の需要量に対して、全国で育っている森林の成育量が同じぐらいになっている。蓄積量といい、生育量といい、これだけの資源量を保有しているのだから、いくら世界の木材が安いからといって化石燃料を使って世界から木材を輸入することは見直さなければならない。日本の木材の1年間で成育する量の約7割を海外から輸入していて、毎年7割近くが未利用資源となって森林に残されている。

　日本の貿易収支は、世界を相手に稼いでもそれ以上のお金が化石燃料の輸入に回ってしまっている。これまでの地域経済を変え、ローカルファーストの考え方に立脚して、地域に蓄積し続けられている未利用資源を見直し、化石燃料の導入を減らすことができれば、地域に資金を残すことができ、地域内に循環させることができれば、新しい地域の経済循環が生み出せる。日本の地域社会を構築してきた森林資源を、新たな技術を導入する事によって、再び地域の内外に流通させることができれば、木材利用がより活発になることによって、多くの日本の地域が持続可能な活力のあるまちづくりが推進できると考えている。

寺社仏閣に使われる木材は北米から輸入された原木丸太を利用している（奈良県天理市）

6 木造建築の未来

6-1 変幻自在な木造建築
6-2 木造建築の未来
6-3 「都市木造」の時代へ
6-4 木造建築は時代の鏡である

次世代を育てるため、小田原市の「いこいの森」で製作したテンセグリティタワー

6　木造建築の未来

6-1　変幻自在な木造建築

A.　木造への取り組み

　熊本県の球泉洞森林館プロジェクトは、森林・林業の現場に深く触れる機会を与えてくれた。当時、住宅や製紙等の利用は進んでいたものの、公共施設を積極的に木造化する環境は醸成されていなかった。

　球泉洞森林館は、一般の多くの生活者の方々に木の世界を楽しく発信して伝える役割を担っていると同時に、日本で初めての本格的な森林館として誕生して注目を集めた。建築は急傾斜地に計画されているので岩盤に直接建築を載せるため、残念ながら鉄骨鉄筋コンクリート造（SRC）で設計された。しかし、躯体の施工では局面型枠に杉の小幅板を使い、木目が鉄筋コンクリート造(RC)の躯体表面に映されて木を感じられる空間づくりができた。縦長の連続窓は、周辺の森林と球磨川の風景を掛け軸のように切り取る意図があり、開口部には木製の額縁となるようにドイツ製金物を使った木製サッシを採用した。各スキップフロアーの床には森林組合がストックしていた樹種の違う木材の仕上げを施し、樹種の違いを体感できるようにした。展示内容は森林から街までの川上から川下までの流れを体感して理解できるように計画された。森林館は日本建築学会作品賞を受賞し、森林・林業が注目される機会をつくりだせた。そして木材の利活用と木造建築の推進が重要であることを認識するよい機会となり、その後のプロジェクトでは、できうる限り木材利用や木造建築を視野に入れた提案活動をしてきた。

　このプロジェクトは、森林組合の森林・林業のコンサルタントをしていた、株式会社第一プランニングセンターの森田稲子さん（ -2012）の紹介で、博覧会プロデューサーとして知名度の高い泉眞也氏（1930- ）がプロデューサーに任命され、泉眞也さんからかつてロックフェラー財団の米国視察に同行していた建築家木島安史氏（1939 -1992）に声がかかるという出会いから始まっている。プロジェクト終了後に、泉眞也氏からプロデュースしている博覧会の会場計画やパビリオン建築を手掛ける機会を得るようになる。博覧会は、社会の将来を見据えて社会に役立つ仕組みや技術が開発されて紹介されることが多く、建築もその一つとして位置づけられ、新時代の建築の様々な姿が発表されてきた。

私は、建築家として参加する機会が増えることで、木造建築をテーマにすることが多くなった。特にこの時代は全国各地で地方博が開催され、森林資源の豊富な地域での開催が多くなり、開催県や周辺地域の将来像を描きながら、地域資源の活用の見地から木材を活用する機会が増加していった。博覧会は、その時代の新しい建築や技術に挑戦できるフィールドで、チャレンジできる絶好の機会であり、仮設建築では多くの試みを提案してきた。同時に、輸入材や2×4工法が増加してきていたので、日本の森林・林業、木材関連産業、建設業等が危機感を抱くようになり、流れが変化してきた。そのころ木材の利活用が林産地のある地方から叫ばれるようになり、木造建築の必要性が認識されはじめ、先進的な木造建築に取り組める環境が徐々に整ってきている。

B.　仮設木造における初期の試み

　博覧会の会場計画で最初に取り組んだのが、岡崎市の市制50周年の岡崎葵博だったが、このプロジェクトでは木造を導入することには力不足で出来なかった。次に、香川県坂出市を会場に1988年に開催された瀬戸大橋博覧会88'において、総合プロデューサーの泉眞也氏から、会場・建築ディレクターに指名して戴き、建築家木島安史氏と一緒にメインイベントホールの「空海ドーム」やレストランゾーンを木造建築で取り組むことができた。このプロジェクトによって初めて中・大規模木造建築を手がけることができ、日本でも初の木造ドーム建築となった。当時、日本最大の木造ドーム建築だったため、ゼネコンの研究所と一緒に取組んだ。翌年、1989年の横浜博覧会ではテーマ事業の建築ディレクターを担当。さらに、1990年に大阪で開催された花の博覧会の「江戸東京都館」を建築家木島安史氏と一緒に担当し、3mグリッドの立体トラス構造の多層階のモデルになる木造建築を提案した。

　このころは既に、将来の独立を視野に入れて活動していた時期でもあり、NPO法人アーバンデザイン研究体の活動を本格的に始めた矢先に、理事長の北沢猛氏（東京大学教授・1953-2009）が横浜市のアーバンデザインイベントの「ヨコハマ&バルセロナ・シティ・クリエーション1990」を開催。会場計画を建築家小林克弘氏（1955-）と一緒に設計し、都市モニュメントをテーマとした「タワープロジェクト」が立ち上がり、私が企画担当となり、若手建築家5人がそれぞれが、異なる素材をテーマとして提案を行い、私は太い丸太を使った「剛柔の塔」[p80]を提案する機会を得た。私個人としては初めてのプロジェクトで、

木造建築でもあったので、シンボル的なプロジェクトになった。このタワーは米国の建築家で数学者でもあるバックミンスター・フラー氏（1895-1983）が開発したテンセグリティー構造であり、まだ実現されたことのない構造を実現することになった。圧縮材にはベイマツ丸材を使い、それを張力材のワイヤーで立体的な架構に組み上げ、まるで丸太が空に舞うような、軽快なタワーデザインが実現できた。

C. 最新の木造技術の出会い

米国政府の支援で、最新木造建築視察ツアーが実施されるにあたり、木島氏が多忙のため、私を推薦して下さり、米国の最新の情報を学ぶ絶好の機会を得ることができた。当時の木造建築は、日本より米国の方が進んでいたため、中・大規模木造建築や新しい構法を学ぶ機会となった。日本を代表する木造研究者、建築家、構造家が一緒に参加されていたので、様々な木造建築の可能性について議論できる旅となった。この時の経験が、私を新たな木造建築の世界に引き込み、木造建築に取り組む決断を後押ししてくれた。その後、2度に亘って視察する機会を得られ、新たな木造技術を学び蓄積することができた。

6－2　木造建築の未来

新たな木造建築を取り組む上で重要なアプローチの方法を9つに整理して紹介。

A. 素材から
日本には国内外から多種多様な木材が集まってくる。その素材情報（材種・材質・材寸・性能等）を把握することによって、これまでとは異なる活用や組み合わせが発案され、新たな展開が可能になる。

B. 部材から
木造建築を構成する部材は製材だけでなく、工業木製品（エンジニアード・ウッド：EW）をはじめ多種多様な木製品が開発されている。また、木材の特性を補うために複合部材も開発されている。木材製品の形状や性能も向上しており、空間表現の自由度が飛躍的に増大している。

C. システムから
　木材の材料特性に対する理解を深めると同時に、新しい発想で架構システムを開発することが木構造の技術を向上させる上で大きく寄与する。これまで他の素材でつくられた構造システムを木造建築に導入することで、新たな架構システムを発想することができる。

D. 組み立てから
　木造建築は同じ架構でも施工の手順を設計段階で充分に検証しておかなければ、思わぬ不整合が発生することがある。実績のある架構法を繰り返し使用することも重要だが、建築の全体と部分の関係や、組み立て方法を考え直すだけでも、架構システムを進化させることができる可能性もある。木材の有効利用や、将来的な部材の交換や解体を考えると、組み立てと解体が容易な架構システムを設計することも重要になる。

E. 接合から
　木材の接合は難しく、伝統的な仕口は木材そのものを結合させているが、木材の変形を予想するなどの注意が必要になる。近年、原生林が世界規模で減少しているため、良質で強度のある木材は直接入手することが困難になってきた。そのため柔らかい木材が増えてきており、伝統的な接合方法だけでは充分に対応できない。一方、金物接合は金物が主役になってしまう例も多い。最近、欧米では木材との物性が近く、馴染みやすい素材のアルミやセラミックを使った接合システムも開発されている。あるいは集成材を現場接着する接合法も試みられている。さらに、木の繊維（セルロース）による木材加工製品の接合も研究が始まっている。木造建築は接合の考え方次第で、多様な架構システムをつくり出すことができる。

F. 空間から
　現代建築は独創性や個性が求められることから、空間の自由度が増している。これまでは低層建築が多く、空間を覆う屋根等の大空間に木組みを表現するものが主流であったが、これからは、都市建築などの多層建築が求められ、素材性能から決まるのではなく、空間特質から発想された架構システムが開発されるようになり、さらに可能性が拡がりつつある。

G. デザインから
　木造建築の木材を空間に表現することが特徴である現代建築の流れは、視覚的なデザイン表現として軽快な空間表現に移行している。そして技術の進歩から透明性のある表現が試みられるようなっている。部材構成や架構システムなどをハイブリッド化することは空間デザインを拡張する鍵となる。一方で、経年変化などの木材の性能を熟知し、過去の伝統木造の技術や経験をデザインに反映することも大きな命題となっている。

H. 時間から
　現代は、空間の消費が早いために、建築は物理的性能よりは、ファッション界のようにデザインやトレンドが変化することによって価値が失なわれ、建築の寿命が短くなる傾向が強く、時間によるデザインが軽視されているように思う。しかし、木材の循環から考えると木造建築の活用期間を少しでも長期化することによって、環境負荷を低減することができる。さらに、時間によって変化する木材の魅力を活かすデザインが求められている。

I. コストから
　建築のコストは、素材費と施工費の２つの価格で構成され、素材費に比べ施工費の割合が増加している。施工費を低減させるためには、施工の合理化を進めながら建築全体の品質を確保しなければならない。構造コストの目標値を設定して架構システムを設計する方法や、コストの低い木材で材積量を増やして施工費を節約するなど、２つの価格をトータルにコントロールすることによって、建築デザインを考えることが大切になる。

6－3 「都市木造」の時代へ

　21世紀の日本は地球環境問題を背景に少子高齢化等によって人口が減少し、縮減社会が到来している。社会を支えている産業も、これまでの発展の方向では、明るい未来は見えてこない。現代の都市はそうした課題の縮図である。都市のインフラや建築は既に耐久年数を迎え、都市の再生が課題となっている。かつて日本は美しい木造都市を築いていた。産業革命以降、建築は鉄骨造や鉄筋コンクリート造に置き換えられ、建築の表層は工業製品で埋め尽くされている。そして道路は人から車へと主役が代わり、環境に優しい都市は実現していない。そうした状況の中で社会資本の再整備が求められている。

　社会の変化に対して意識の転換と自然社会資本の活用の流れが起きてきたところに、2011年3月11日、1900年以降、世界で4番目の大きさに数えられる大地震が東北で発生した。地球上のマグニチュード6.0以上の地震の約2割が日本周辺で発生しており、私たちは多くの震災の体験をしてきたが、今回の震災により、明治維新以来の大きな転換が求められている。日本は木造建築の歴史と文化を備えた国でありながら、都市の建築は木造以外で整備されてきた。しかし、日本の木材資源の蓄積が増加した今、ここ十数年の建築基準法の改正もあって、都市に木造建築が再び建設できる条件が揃ってきた。都市の木造化という課題を正面から捉え、新たに「都市木造」という概念が想起されるようになった。

　「都市木造」の提案は、決して荒唐無稽な発想ではなく、木造建築の復活をこれまで信じ、研究・活動してきたそれぞれの分野の専門家の英知の結集である。この活動を推進しているのは、東京大学の腰原幹雄氏（1968-）をはじめとするティンバライズのメンバーである。「下馬の集合住宅」という5階建て（1階が鉄筋コンクリート造、2～5階が木造）の集合住宅が木造耐火建築で10年をかけて2013年に完成された。こうした「都市木造」はまだ試行錯誤の段階で、本格的な整備のためには多くの経験を重ねてゆかなければならない。最近はクロスラミナパネルCLTが登場して多層階の木造建築への道が開けようとしている。

　千数百年、木材と共存してきた歴史を有する日本。改めて都市の風景が大きく変わることを期待したい。未来の環境都市の姿は、「木造都市」にあると考えている。

下馬の集合住宅

6－4　木造建築は時代の鏡である

　木造建築は木架構のデザインが鍵となり、各部を構成している木材と接合からアプローチすることで、これまで木造建築が抱えてきたある種の閉塞感を打破することができる。木架構は部分から全体を考えた方が、幾つものデザインのストーリーが現れ、新しい方向性を見出すことができる。新旧の木造建築は、時間軸の中で対立しているように思われるが、これまで失敗を重ねて完成した技術なので、その経験価値を新しい木架構のデザインに継承することによって、未来につなげる木造建築をつくることが大切になる。

　時代の変化のなかで、これまでの経験価値を尊重しながらも、多方面からの挑戦と革新を絶え間なく試みることによって、次世代に残せる木造建築をつくり出すことができると考える。その意味では、木造建築は、時代を映す「鏡」と言えるのではないだろうか。

CLT 工場（株式会社中東）

バス停モデル（CLT）

真鶴半島にある保安林「御林」は樹齢350年以上の大木が群生する

7 私が手がけた建築

- 01 塔の建築 ——————————————— 78
  - 01A 剛柔の搭 80
  - 01B 夢みなとタワー 82
- 02 折る建築 ——————————————— 88
  - 02A 秋川ファーマーズセンター 90
  - 02B 遠野グルーラム第二工場 94
  - 02C エコライフモール 96
  - 02D 道の駅「みま」 98
- 03 丸太の建築 ——————————————— 102
  - 03A 石匠館 104
  - 03B 阿蘇白水温泉「瑠璃」 108
- 04 大伽藍の建築 ——————————————— 116
  - 04A 空海ドーム 118
  - 04B 小国中学校体育館 120
  - 04C 山陰・夢みなと博覧会 122
  - 04D ヒビッキーホール 126
  - 04E シダーアリーナ 128
- 05 音の建築 ——————————————— 134
  - 05A 花美人の里 136
  - 05B オホーツク・ウッドピア 146
- 06 舟の建築 ——————————————— 148
  - 06A 世界リゾート博 '95「テーマ館」 150
  - 06B エコファミリーパーク 156
- 07 景の建築 ——————————————— 158
  - 07A 道の駅安達「知恵子の里」 160
  - 07B 阿蘇ミルク牧場 162
  - 07C 森林ふれあい館 166
  - 07D 道の駅「みかも」 170
- 08 複合の建築 ——————————————— 174
  - 08A Aコープ るべしべ店 176
  - 08B 塩原もの語り館 178
  - 08C フェスティバルルーフ 182
- 09 束の建築 ——————————————— 184
  - 09A 湯っ歩の里 186
  - 09B 大長院 庫裡 192

	09C	とれたて産直館	196
	09D	まほろばステージ	198
	09E	ベイビレッジ油壺	202
	09F	茅ヶ崎フットサルクラブハウス	204

10　住の建築 ———————————————— 206

	10A	杉の町屋	208
	10B	兎芳庵　-うほうあん-	212
	10C	真樹庵　-まんじゅあん-	216
	10D	O邸別荘	218
	10E	流星庵　-りゅうせいあん-	220

11　多層の建築 ———————————————— 224

	11A	花の江戸東京館	226
	11B	複合（多目的）多層木質骨組構造建築	228
	11C	山安・鎌倉店	230

12　装の建築 ———————————————— 234

	12A	ゆ宿 藤田屋	236
	12B	廣告社オフィス	238

13　急の建築 ———————————————— 240

	13A	応急仮設建築@鳥取	242
	13B	丹沢・足柄まごころハウス	244
	13C	平塚ビーチハウスプロジェクト	246
	13D	どんぐりハウス	248
	13E	よせぎの家プロジェクト	250

14　復興の建築 ———————————————— 252

	14A	名取市図書館	254
	14B	南三陸ポータルセンター	256
	14C	泊地区公民館	258
	14D	名取市下増田児童厚生施設	260
	14E	結っ小屋	262
	14F	小指観音堂	263

15　竹の建築 ———————————————— 264

	15A	地球市民村	266

作品年表・スペックリスト ———————————————— 折込み

7 01　塔の建築

「塔の建築」は、建築家にとって心躍るものがある。しかし現代社会では、塔の建築を設計する機会は少ない。日本の塔は、柱1本で建てるシンプルなものから、木組みによって構成される楼閣建築まで数多く建立されており、いずれも洗練された美しさと力強さを兼ね備えた木造建築である。

高さが日本最高の塔は、平安時代に建立された京都市南区九条町の東寺（教王護国寺）にある国宝「東塔」で、高さは54.8m。日本最古で世界最古でもある木造建築は、飛鳥時代の607年に奈良県生駒郡斑鳩町の法隆寺に建立された国宝「五重塔」で、高さは31.5mである。最も華麗な塔は、奈良時代に奈良県宇陀市室生に建立され、女人高野で有名な室生寺の国宝「五重塔」で、高さは16.2mである。さらに、江戸時代後期の1796年に、山形県会津若松市に建立された、通称「さざえ堂」（正式名称：円通三匝堂）は、二重螺旋構造という特異な形状で、最上部まで登ることができ、1996年に国の重要文化財に指定されている。
（重要文化財指定名称「旧正宗寺三匝堂」）

しかし、仏教寺院の「塔」は、仏教が大陸から日本に伝来したことを契機に建立されており、日本独自のものではない。仏教はインドが発祥地で、これと同じものは見当たらない。しかし、お釈迦様の骨を祀っているストゥーパ（仏塔）が起源とされ、おそらく仏教が中国に伝わる時に木造化されて楼閣建築に変化したと考えられる。

「塔の建築」は、幾重にも重ねられた屋根がつくりだす全体のシルエットが特徴で、細部にわたり木材が積み重ねられた木組みが深い影をつくり、神聖さを増幅させ、自然と対比した人工物でありながら荘厳さや美しさを誇っている。

現代の「塔の建築」は、伝統的な様式に学びつつも、新たな時代の木造建築として、創造性を発揮する機会となる。

さざえ堂（円通三匝堂）の全景

「剛柔の塔」（見上げ）

キヅカイのケンチク

01 塔の建築

7 01A　剛柔の塔
Go-Ju no Tou (FIVE TWIST PAGODA)

　横浜市とバルセロナ市が共同で企画し、北沢猛氏（当時、横浜都市デザイン室、のちに東大教授 1953-2009）の総合プロデュースで、都市デザインイベントの「ヨコハマ＆バルセロナ・シティ・クリエーション・1990」が横浜市のみなとみらい地区で開催された。

　この会場計画は、建築家小林克弘氏（1955-）と一緒に携わり、会場の中央に都市モニュメントをテーマとした「タワープロジェクト」を実施した。当時、同世代の若手建築家5人（小林克弘、妹島和世、竹山聖、古谷誠章、杉本洋文、[敬称略]）が指名され、それぞれが独自のコンセプトの都市モニュメントをデザインした。

　私は、木材を使って「剛柔の塔」を提案した。この「タワープロジェクト」は、仮設イベントのためにすべて解体された。そこで、熊本県の「阿蘇白水温泉「瑠璃」（1996）」[p108-115] の設計の際に、施設のモニュメントとして再提案して実現させている。

　この塔は、米国の建築家バックミンスター・フラー氏（1895-1983）が開発した、地球上でもっとも軽快なテンセグリティ構造を採用している。構造体に発生する応力を、圧縮力と張力の2つに分け、簡素で明快なシステムが特徴で、デザイン性にも優れている。

　日本の塔の多くは三重や五重であるため、塔の高さを考えて5段とした。その上で、建築家木島安史氏（1937-1992）のアドバイスもあって、圧縮力＝剛、張力＝柔と置き換え、「剛柔の塔」と命名した。

　削り丸太3本とワイヤー鋼でユニットを構成し、5段に重ねた塔状の木架構で、ベイマツの削り丸太を圧縮材、ワイヤー鋼を張力材に使い、接合は丸太の短部に取り付けられた輪環を介して繋ぎ、ターンバックルで張力を導入して基礎に固定している。

　この塔は、重厚な都市空間に、都市の「うつろい」を表現した、都市モニュメントである。

タワープロジェクトの5つのタワー（全景）：
（左から、竹山聖、妹島和世、小林克弘、杉本洋文、古谷誠章）

作 品 名：剛柔の塔
建 物 名：剛柔の塔
竣　　 工：1990. 04
所 在 地：横浜みなとみらい地区（撤去済）
用　　 途：モニュメントタワー
構 造 体：テンセグリティ構造
主要木材：ベイマツ丸太
構造設計：長谷川一美／構造空間設計室

受　　 賞：ディスプレイデザイン賞
　　　　　通産大臣賞優秀賞

※ 詳細なデータは巻末の作品リスト参照

01 塔の建築

キヅカイのケンチク

剛柔の塔（全景）

81

01B 夢みなとタワー
Yume-Minato Tower

　鳥取県境港市は、1997年に「市政制度50周年」と「開港100周年」を記念して「山陰・夢みなと博覧会（夢みなと博）」を開催した。博覧会のシンボル施設「夢みなとタワー」は、国際貿易港にふさわしく、港の観光交流施設として計画され、開幕時はテーマ館として、閉幕後は観光交流の恒久施設として再整備された。

　この地域は、古代に出雲大社が建立され、巨木の基礎遺構が発見され、神聖な空間として高層木造建築の社殿が建設されたことが明らかになっている。そうした歴史的背景から、この「夢みなとタワー」の計画では、鳥取県が誇る地域材のスギ材を使って整備することに意義があると考え、木造ハイブリッド構造の建築を提案した。

　計画地は、境港の玄関口の埋め立て地の先端に位置している。この場所からは、日本海をはじめ、白砂清松の海岸、米子平野、日野川流域、中国地方で最高峰の大山など、360度の眺望景観が望める。おそらく古代の人々も同じ風景を見ていたに違いなく、時を超えて共有できることに感動できる場である。

　この施設は、この地に飛来してくる渡り鳥をイメージしてデザインし、2つの建築で構成している。低層棟は3層の観光交流施設であり、ドームが幾重にも重なる白い屋根で覆っている。構造は、鉄筋鉄骨コンクリート構造の躯体の上に、タイルを打ち込んだプレキャストコンクリートパネル（PCP）のシングルレイヤードームの屋根架構を載せている。

　もう一つは、この建築を最も特徴づけている展望塔である。塔の高さは43m、展望床の高さが37mである。風と視線を流すためにひょうたん型の平面形をしており、外壁は木造格子とカーテンウォールで構成し、透明感が高く、昼夜の光で演出されるタワー建築である。構造は、2つのテンセグリティの立体柱を、耐火鋼材のリング梁とテンション材で構成し、最上階の展望階を支えている。曲面のカーテンウォールを、スギ材の湾曲集成材の柱梁構造で支え、全体で木材と鋼材のハイブリッド構造とすることで、木材を使った塔の建築として国内最高の高さを誇る。透明感のある木質空間を実現させ、この地の歴史を背景とした古代の夢の再生を図っている。

港からの全景

作 品 名：夢みなとタワー
建 物 名：鳥取県立「夢みなとタワー」
竣　　工：1997.06
所 在 地：鳥取県境港市
用　　途：展示場・物販・飲食・集会・事務所・展望台
構 造 体：木格子構造＋テンセグリティハイブリッド構造
主要木材：スギ集成材
構造設計：斎藤公男／日本大学斎藤研究室
　　　　　長谷川一美／構造空間設計室

※ 詳細なデータは巻末の作品リスト参照

タワー内部見上げ：2つのテンセグリティのリング柱とスギ集成材のカーテンウォール

タワー棟1階EVホール（内観）

タワーのスギ集成材の立体格子で支えられたカーテンウォール（外観）

和紙の内装の2階特別室:博覧会時には天皇皇后両陛下の休憩室として利用(内観)

ホールの木製音響反射板(内観)

01 塔の建築

キヅカイのケンチク

3階レストランの矢羽根状の格子天井：床も木製仕上としている（内観）

タワー夜景（外観）

7　02　折る建築

　私たちが手にする和扇子は、薄い紙を三角形に折ることによって広い面積の強度を確保している。この原理を応用したのが「折る建築」である。

　木造建築では、柱と梁による軸組構造が主流で、水平耐力を確保するため、筋交いや耐力壁で補強する。ところが、この建築の特徴は、薄い面材を折り曲げて連続させ、壁や屋根を構成できる。こうした構造を折版構造と呼ぶ。これまでは、主に鉄骨造や鉄筋コンクリート造の建築に使われれる事例が多かったが、木造では試みられていなかった。

　米国プライウッド協会（APA）の招待で、アメリカの先進的な木造建築を訪問した際に、合理化された工業化構法が推進されている様子を視察できた。特に、大型木製パネル構法の事例を多数視察する機会が得られたので、その可能性を学ぶことができた。当時、日本では、住宅のような小規模建築では木製パネル構法が導入されているが、非住宅の中・大型規模木造建築では、ほとんど実施例が見当たらなかった。帰国後、一緒に参加した構造家渡辺邦夫氏（1939-）と挑戦することになった。

　「折る建築」の特徴は、面材で構成されている。そのために面だけが強調されるために閉鎖的で、変化が少ない空間表現になりがちである。しかし同じ面材でも三角形を用いることにより、開放性とリズムが生まれ、表情豊かで軽快な空間表現がデザインできる。

　東京都あきる野市（旧秋川市）の「秋川ファーマーズセンター（1993）」[p90-93]では、ベイマツ集成材とベイマツ合板による大型木製パネル構法による折版構造に初めて取り組み、連続した無柱空間を実現している。この手法は、岩手県遠野市の「遠野グルーラム第二工場（2000）」[p94-95]の唐松集成材の集成パネル、北九州博覧祭の「エコライフモール（2001）」[p96-97]のスギ板足場材と鋼材による折版ハイブリッド構造へと発展し、さらに愛知県三間町の道の駅「みま（2003）」[p98-101]のベイマツのLVLの連続三角梁構造へと展開している。

　さらに、近年の直交集成材（CLT）の急速な普及によって、多層階木造建築への木製パネル構法の道が開けてきているが、大スパンの空間にも応用でき、CLTの折版構造による展開が期待できるため、木造建築の新たな空間表現の可能性が拡まっている。

「秋川ファーマーズセンター」
構造フレーム（上棟時の外観）

キヅカイのケンチク

02 折る建築

7 | 02A 秋川ファーマーズセンター
Akikawa-Farmer's Center

　東京都秋川市（現：あきる野市）の秋留台地にある約100haの農業振興地域の中央に、農産物直売場と農業体験交流が複合された施設が計画された。

　この建築は「折り紙」が発想の原点で、紙を三角形に折り曲げることにヒントを得て考えだされている。田園風景が拡がる広大な農地の中に、鳥が羽を広げて舞い降りた姿をイメージし、僅かな円弧を描く屋根のスカイラインを、スリットの空いた三角形パネルのユニットを連続させてファサードを構成させた。軽快でリズム感のある木造建築となった。

　この構造は、ベイマツ集成材の三角形の骨組みに、ベイマツ合板を両面に貼ったパネルを金物でスリットを設けて接合した非連続の三角形折版（開放型折版）ユニットとし、そのユニットを立体的に繋ぎ合わせて、軽快で剛性の高い木架構を実現している。

　木造建築は、接合方法によって全体の木架構が決まると言っても過言ではない。そのカギを握っているのが接合金物である。当時は車産業の不況の影響で、大手メーカーの孫請け会社の技術を使うことができた。建築の一般的な金物は、鉄骨加工業者に依頼するのだが、金物コストは鉄骨の重量で算定されていた。建築金物は鋼材形状や溶接によって立体的な接合金物を製造する。しかし、自動車産業では、全く異なったアプローチだった。たとえば、鋼材の炭素含有量を確認し、複雑な金物を溶接ではなく、折り曲げて製作し、コスト削減など積極的に提案をしてくれた。

　欧米ではこうした業界の境界を越えて技術が交流するのがあたりまえになっているが、日本ではJIS等の規制によって自由度がない。今回は、こうした日本の車産業のものづくりの力を取り込むことで、新たな木造建築の可能性を拡げることを実感できるプロジェクトになった。

駐車場側のファサード全景

作　品　名：秋川ファーマーズセンター
建　物　名：秋川ファーマーズセンター
竣　　　工：1993.07
所　在　地：東京都あきる野市
用　　　途：店舗・事務所
構　　　造：複合折板構造
主　要　木材：ベイマツ集成材
構造設計：渡辺邦夫／構造設計集団
受　　　賞：東京都建築士事務所協会優秀賞
　　　　　　商環境デザイン賞
　　　　　　SDレビュー

※ 詳細なデータは巻末の作品リスト参照

連続するパネル架構と庇空間(外観)

壁と木製の屋根パネルユニットを鋼管ブレースで固定（外観）

中央部のコンコース：折半屋根のトップライトからの光が降り注ぐ（外観）

中央部のコンコースと温室空間（内観）

直売市場の空間：三角パネルの妻からの三角の高窓が連続して室内に光が注ぐ（内観）

7 02B 遠野グルーラム 第二工場
Tohno Gluelam The Second factory

　岩手県遠野市の郊外にある建野木工団地に、本格的なカラマツ集成材の生産体制を確立するために計画された集成材工場である。遠野地域は遠野カラマツの産地であり、東野地域木材総合供給モデル基地構想を策定し、木材利用の研究開発、人材育成、そして製材や加工まで一貫した生産体制を構築し、普及拡大を目指していた。この団地ではカラマツ集成材を得意分野としていたため、今回の工場整備にあたり、このパネルを利用した折版構造の木造建築を提案した。

　地方では、豊富に地域材が供給されるにも関わらず、利活用などの情報や機会が不足している。こうした木材に関係する施設だからこそ、地域材の特徴と技術を活かした木材の使い方を導入するべきで、今回は、集成材パネルを簡単な接合方法によって立体的に組む方法を開発し、その可能性や課題を把握し、「地産地匠」を試みた。

　工場建築は、作業性と機能性が重要になり、経済性と合理性が求められる。平面形状は単純になりかつフレキシビリティが求められる。木架構の構成よって空間が決まるため、同じユニットを連続させることが安価にする方法である。そこで計画にあたっては、片流れ屋根を非対称の木架構とし、4mごとのユニットに分割してデザインし、同じユニットを連続させることで全体を構成した。高い壁は集成パネルの短部を櫛形に加工し、相互に組み込ませてラグスクリューボルトで接合し、ピラミッド型の立体ユニットとし、それに梁間方向に、大断面集成材の柱と梁を同材の接合部材で接合したL型構造材を架け、テンション材で変形を抑制し、全体として軽快なデザインの木質空間を実現している。

　この工場は、東日本大震災での被害が少なく、岩手県の木造建築による復興建築の供給拠点となった。今後さらに木造建築の大型化・多層化が予想される中、大型集成パネル構法の可能性が高まってきた。

3角ピラミッドパネルとL型集成材フレームに断熱切版屋根（内観）

作 品 名：遠野グルーラム 第二工場
建 物 名：遠野グルーラム 第二工場
竣　　工：1999.08
所 在 地：岩手県遠野市
用　　途：工場
構　　造：集成材パネルユニットシステム
主要木材：カラマツ集成材
構造設計：長谷川一美／構造空間設計室

※ 詳細なデータは巻末の作品リスト参照

02 折る建築

キヅカイのケンチク

東野カラマツの3角ピラミッドパネルの詳細（内観）

7 02C　エコライフモール
Eco Life Mall

　福岡県北九州市は、1901年に官営八幡製鉄所の高炉ができて100年を迎える。そこで、2001年に「響きあう 人・まち・技術」をテーマとして、官営八幡製鉄所から続く「モノづくり」の歴史と、環境先進都市として、ゼロエミッションの姿勢を掲げて「北九州博覧祭2001」を開催した。

　民間出展集合館の「エコライフモール」は、「未来のエコライフ」を展示する仮設パビリオンで、これまで試みられたことのない無垢の製材のスギ板足場材によるハイブリッド構造の木造建築である。

　この建築は、スギ板足場材と鋼材をハイブリッド架構とした不連続折版トラス構造で、中央部を釣り上げることによって、軽快で明るい木質空間としている。実は、スギ板足場材は、木材価格の基礎指標になっているそうで、今では鋼材足場材に押されて生産量が減少している。この博覧会は、3R（Reduce, Reuse, Recycleの3つのRの総称）がテーマとなっているので、建築材についても、再利用可能な部材を導入するため、このスギ板足場材に注目した。木材は、丸太の木割りによって様々な形状が取り出されるが、その中でも、周辺部から取り出される板材は構造に利用する事例は少なく、試みる価値があると考えた。

　展示空間は無柱空間が求められ、軽快でローコストに抑えるために、アングル鋼材を立体トラスに組み、スギ板足場材を交互に折版状に挿入し、ボルトで固定し、その上をテントで覆っている。構造断面を小さくするため、スパン中央部を北側から吊り上げ、一方の南側は、テンションバーで地上に張力をかけて固定し、非対称の建築断面をもったハイブリット構造の空間構造となった。ファサードには、スギ板足場材のルーバーを取り付け、半屋外の待合空間に日陰を提供している。

　この建築は、仮設ならではの大胆な不連続折版構法を試みることによって、板材の活用法と折版構造の可能性を発見することができた作品である。

施工時の架構の全景

作　品　名：エコライフモール
建　物　名：北九州博覧祭2001「エコライフモール」
竣　　　工：2001.06
所　在　地：福岡県北九州市
用　　　途：展示場
構　　　造：スギ板足場材＋鉄骨アングルトラス構造
主要木材：スギ板足場材
構造設計：長谷川一美／構造空間設計室

※ 詳細なデータは巻末の作品リスト参照

キヅカイのケンチク

02 折る建築

博覧会開催時のファサード：水平ルーバーが日陰空間をつくる（外観）

展示空間：アングルトラストにスギ足場材を交互に差し込みハイブリッド架構を構成（内観）

97

7 02D 道の駅「みま」
Rosdside Station "Mima"

　愛媛県宇和島市三間町の美しい里地の田園風景を背景に、お宝（地域資源）を活かして、ふるさと出身の版画家「畦地梅太郎記念美術館」と農機具メーカー創始者「井関邦三郎記念館」の2館を併設して整備された道の駅である。

　この建築は、広大な農地景観の中に立地するため、背景の山並みと呼応した切妻大屋根を採用し、のり越し屋根を交差させてスカイラインのリズムをつくり、ハイサイドライトから大屋根の内部に光を取り込んでいる。さらに、光庭や屋外市場を設け、屋内外が連続する空間とすると共に、ゾーンを分ける役割も担わせている。建物前面には、団体バス・タクシーの乗降場に反り返えるキャノピー屋根とアーケード空間を設けている。そして、トイレ棟は、中央に光庭を持ったドーナツ型の木造建築を計画している。

　構造は、鉄筋コンクリート造の基礎を立ち上げ、合わせ柱で柱脚を固定した。この柱によって上部の水平梁を挟み、ボルトで接合している。柱梁構造の木組に、三角形の波型に連続する折版屋根架構を載せている。棟部分は、交互に乗越屋根を形成して、互いに持ち合う架構となるハイサイドライトを設けている。屋内には、自然光を取り込み、同時に、排煙窓としても機能させ、明るい木質空間としている。

　施工は、当初から県内の木材加工産業に関わってもらい、新たな加工法や施工法などの技術開発が実現できた。地方では、こうした新たな中・大規模木造建築に取り組む事例は少なく、新たな木加工技術の習得や経験する機会をつくることが重要になる。今回、主要構造部はコスト面から輸入材を使用しているが、今後、地域材を積極的に活用する道筋をつくることができた。

駐車場からのファサード：キャノピー（外観）

作品名：道の駅「みま」
建物名：道の駅みま
竣　工：2003.03
所在地：愛媛県宇和島市
用　途：店舗・飲食・美術館
構　造：集成材立体柱梁工法
　　　　＋ベイマツ LVL 折板トラス構造
主要木材：カラマツ集成材・ベイマツ LVL
構造設計：中田捷夫／中田捷夫研究室

※ 詳細なデータは巻末の作品リスト参照

妻側のファサード詳細（外観）

美術館室内のベイマツ集成材の組み柱と水平梁にLVLの連続折版トラスの木架構（内観）

02 折る建築

キヅカイのケンチク

ファサード側の先端にアーケード空間を設け、連続したLVL折版トラスがリズムを作る（外観）

物販施設の室内：棟の交差するハイサイドライトから大屋根の屋内空間を明るく照らしている（内観）

7 03　丸太の建築

　森林や貯木場で、丸太が積み上げられた光景に出会う。立ち木の時と異なり、年輪には環境の変化や施業の履歴が読み取れる。したがって、丸太は、自然の風合いを引き出した使い方が求められる。建築では、最も素朴な木材の使い方で、磨き丸太、削り丸太、なぐり丸太等、様々な加工が施されてきた。「丸太の建築」は、紀元前に遺構が発見され、素朴な工法なので、世界各地で広範囲につくられている。共通していることは、丸太を水平に積層するログハウス工法である。

　日本の古建築では、巨大な柱を丸太に加工するのにちょうな（手斧）をかけて、最後に朱塗りを施して仕上げられる。木の表情は、塗装の下に隠れてしまうが、それでも手の痕跡が残され、機械加工されたものと比べると、木の存在が感じられ、威厳な風格が感じられる。世界最大の規模を誇る「東大寺」は、巨大な柱だが束ね柱が使われている。2度に渡る火災を受け、鎌倉時代と江戸時代に再建され、現在のものは、明治時代に改修されている。再建の度にその規模は変化して創建当時よりも縮小されている。それでも、その規模は、巨大な木造建築である。「清水寺」は、自然の中で重層した基壇の巨木の木組みを誇っている。本堂は、様々な種類と形状の束ね丸柱が使われて、重厚な木架構で構成されている。

　一方、軽井沢にあるアントニン・レーモンド氏の設計の「軽井沢聖パウロカトリック教会」は、自然丸太を使った木造建築のなかで、私が最も好きな作品である。小さな建築だが、「なぐり加工」された丸太が切り妻屋根を支え、妻側から差し込む光によって、木組みが空間に乱舞しているように見せている。そして、神聖な木質空間をつくり出している。

　現代建築では、建築家黒川哲郎氏（1943〜2013）による大規模木造建築のために開発された丸太立体トラス工法「スケルトンログ」によって、丸太の可能性を引き出している。

　丸太は、現代建築に多用されることは少ない。2016年に神奈川県南足柄市の「道の駅金太郎のふる里」の道の駅プロポーザルコンペで、丸太を使ったハイブリッド構造の木造建築が採用されるなど、「丸太の建築」への注目が期待できる。地方の公共建築では地域材の利用が多く、入手しやすいのは自然丸太である。丸太の架構は「挟み梁」、「掛け合わせ」、「束ね」などの伝統技術がある。一方、丸太を相欠きや、一点に集中させる接合では、接合面の隙間、断面欠損がでて、構造性能を確保できない。

　現代の木造建築は、設計に際して構造解析が必要になる。伝統的木造技術は、多くの工夫が積み重ねられ、実証的な解決策によって技術が完成している。近年はこうした伝統的木造技術の構造評価の研究も進められている。よく議論されるのが、これまで何度もの地震に遭遇しても壊れなかった木造建築も数多くあり、その技術の解明が必要である。構造計算は、今理解できる技術で判定できるものしか採用されていない。

　いずれにしろ、丸太の場合には、製材と異なり断面寸法や形状が異なるので、どのように活かすかが重要になる。そして新旧の技術を組み合わせ、現代的な丸太の活用を積極的に考えるべきである。

阿蘇白水温泉「瑠璃」
大浴場「こづみの湯」丸太架構（内観見上げ）

キヅカイのケンチク

03 丸太の建築

7 03A　石匠館
Sekisyou-kan

　熊本県の南部に位置する八代郡東陽村（現 八代市）は、皇居の「二重橋」、「通潤橋」などを手掛けた種山石工の集団が暮らしていた石工の里である。石匠館は、種山石工の技術や文化を伝える展示施設として整備された。建築家木島安史氏（1937-1992）は、この石工技術を建築に反映することを建築のコンセプトとした。

　石造のアーチ橋を建設するときには、丸太の支保工が使われる。そこで建築は、石材の魅力を引き出した積層湾曲石壁と支保工をイメージしたスギ材の磨き丸太架構を載せて構成した。

　敷地は、傾斜地を切り開いたため、外構の石組と建築の石壁が連続するように石材の大きさを調整し、土木と建築が一体化するデザインで統一し、背後の緑の風景に溶け込ませている。内部は、湾曲積層石壁の2つの空間を設け、石壁の間に開口を設け、積層湾曲石壁と丸太屋根架構を照らし、石と木材の対比的な材料により、重厚さと軽快さの両面を持ち合わせた空間デザインを試みている。

　この構造は、中央部のエントランスと管理スペースは、鉄筋コンクリート造とし、展示室は、連続した円弧壁の外部側を、積層湾曲石壁とし、内部側は小幅板の打ち放し鉄筋コンクリート造壁としている。一方、多目的室は、内外両面を湾曲積層石壁とし、鉄筋コンクリート造の壁としている。それぞれ丸太3本を掛け合わせた丸太架構のユニットを連続させ、ライズの低いドーム架構を組み、その上に垂木・野地板の屋根架構を重ねて載せている。2つの木架構は、曲面が異なっているので、頂部から周辺部に向かい徐々に離れて納まっている。

　このように、自然素材の丸太を使う場合には、工業製品と異なり、現代の合理性のある構造技術と伝統技術を融合させ、現代技術を伝統技術の背後に隠れるようにデザインすることで、はじめて新たな木質空間が実現できる。

石匠館と外構の石積みの全景

作 品 名：石匠館
建 物 名：石工の里歴史資料館「石匠館」
竣　　工：1993.12
所 在 地：熊本県八代市
用　　途：博物館
構　　造：シングルレイヤードーム構造
主要木材：スギ丸太
構造設計：青木繁／青木繁研究室

受　　賞：くまもと景観賞
　　　　　くまもとアートポリス推進賞

※ 詳細なデータは巻末の作品リスト参照

展示室からの丸太架構の見上げ（内観）

展示室の丸太屋根架構の見上げ（内観）

丸太屋根架構の上に載せたタル木架構の全景

多目的ホールの丸太架構と積層湾曲石壁（内観）

7 03B 阿蘇白水温泉「瑠璃」
Hakusyu Spa hotel "RURI"

　熊本県阿蘇郡白水村（現：南阿蘇村）は、阿蘇内輪山の南斜面に位置し、銘水の里として有名である。この温泉交流館は、地域材のヒノキ材やスギ材の磨き丸太や製材を使った木造建築である。

　敷地は、緩やかな傾斜地に位置して、目の前に外輪山の山並みと農地景観が広がっている。そこで、傾斜に沿って分棟配置としている。各棟は、周囲の眺望と水の流れる外構に沿って、特徴ある木架構をデザインすることで、それぞれの場所に個性のある空間を創りだしている。

　最初に目に入るのが、アプローチに建っている「剛柔の塔」で、ヒノキ材の丸太とワイヤー鋼によるテンセグリティ構造である。これは温泉が湧き出る上昇感をイメージさせ、この施設のモニメントとしたもので、デザインは、かつて横浜市でつくった「剛柔の塔」を常設として再設計したものである。正面にはレストラン棟と宿泊棟を配置している。

　レストラン棟は、切り妻妻屋根を徐々にはね上げ、緩やかなアーチを描く開放的なファサードを持ち、室内は、スギ材の磨き丸太の柱と挟み梁の木架構で柔らかな木質空間としている。屋根の仕上げは瓦葺きで、ねじれた屋根の局面を瓦葺の重なりを僅かにずらしながら葺いている。奥には、同じ切り妻屋根の広間空間、さらに運動公園に面して、宿泊棟を設けている。

　温泉棟は、エントランス管理棟と休憩棟を並行に配置し、同じベイマツ製材による立体木架構とし、テンション構造の木造ブリッジで繋いでいる。温浴棟の一つ、円形の折れ屋根の「こづみの湯」は、ヒノキ材の磨き丸太を挟み梁として木架構とし、切り妻屋根の「かけぼしの湯」は、ヒノキ材の磨き丸太の交叉接合の木架構としている。丸太は、機械加工には向かず、伝統的大工技術を基本とした在来木架構としながら、部分的に立体木架構を構造解析で確認しながら設計している。

　このように、周辺の景観を取り込みながら地形を活かして計画することによって、物語のあるシークエンスを創出し、空間体験を豊かにしている。この施設で使用した磨き丸太は、設計当初から地域の森林資源の情報を得て、素材を優先して確保することで、その素材から木架構のアイデアを練った。素材との出会いが、私たち建築家のイマジネーションを刺激し、新たな発想が生まれてくる。これもまた木造建築の醍醐味である。

施設全景

作 品 名：阿蘇白水温泉「瑠璃」
建 物 名：阿蘇白水温泉「瑠璃」
竣　　工：1995.03
所 在 地：熊本県南阿蘇村
用　　途：公衆浴場・飲食・宿泊
構　　造：三段ドーム構造
主要木材：スギ丸太・ヒノキ・ベイマツ
構造設計：中山明英／中山構造研究所

受　　賞：ディスプレイデザイン賞
　　　　　くまもとアートポリス推進賞
　　　　　第4回木造利用大型施設コンクール
　　　　　　　　　　　　　　　　熊本県賞
　　　　　第9回甍賞・佳作
※ 詳細なデータは巻末の作品リスト参照

大浴場「こづみの湯」の丸太架構（内観）

剛柔の塔から宿泊棟と温泉等を望む（外観）

大浴場「こづみの湯」（外観）

キヅカイのケンチク

宿泊棟のレストランの丸太架構（内観）

111

大浴場「かけぼしの湯」の丸太架構（内観）

温泉棟と大浴場「こづみの湯」を望む（外観）

大浴場「かけぼしの湯」（外観）

温泉棟の広間の月見台を兼ねた舞台を望む（内観）

温泉棟の広間の連続した立体架構（内観）

7　04　大伽藍の建築

　人が集まる場所の建築には、大スパンの無柱空間が求められる。古来より、日本の寺社仏閣では巨木を使って大空間が作られてきた長い歴史がある。しかし、現代建築となると話は異なる。

　現代の木造建築の大空間をはじめて可能にしたのは、1983年米国タコマ市に建設された世界最大の全天候型木造ドーム「タコマドーム」である。その規模は、円形平面の直径が約160m、最高の高さが約46m、アリーナ部分の約9,300㎡を含んだ延べ床面積は約40,400㎡、ベイマツ大断面集成材を使用した正三角形で、5角形と6角形に組まれたシングルレイヤー構造の木造ドーム建築である。初めて見学した時には、その実物の大きさに衝撃を受けた。特に、この木造ドームの施工は画期的で、クレーンを使った無足場工法で、それを可能にしたのが鋳鉄金物を使った合理的接合システムである。

　日本では、熊本県小国町の「小国ドーム（1988）」が建築家葉祥栄氏（1940-）によって設計された。地元の間伐材のスギ材の角材5,602本を使用した木造立体トラス構造で、小径の間伐材を使って、軽快で、開放的な空間構造を実現している。さらに、香川県坂出市で開催された「瀬戸大橋博'88」のイベントホール「空海ドーム（1988）」[p118-119]が、建築家木島安史氏（1937-1992）によって設計された。この木造ドーム建築は、「タコマドーム」と異なり、同じ長さの米マツ大断面集成材を中心から外に向かって連続して拡げ、金物で接合する架構システムで、約49mスパンが実現して、当時、日本最大を誇り注目された。

　二つの作品は、木材利用の面で、まったく異なる方法を採用しているが、日本に新しい木造建築の道を開いた作品である。これを契機に、日本各地で木造ドーム建築の建設が盛んになり、島根県出雲市の「出雲ドーム（1992）」、秋田県大館市「大館ドーム（1997）」などが有名である。

　この木造ドーム建築のブームは、木造建築の可能性を示す意味で大きな成果をもたらしてくれたが、その後の公共建築の木造化の機運を高めることができずに終息してしまった。しかし、2010年の木材利用促進法の施行によって、新たな木造建築の扉が開かれ、全国的な取り組みが増えた。当初は、ベイマツ集成材など、外材が主流だったが、徐々に国内の木材の性能や技術が開発され、国内の地域材を利用した中・大規模木造建築へ展開している。現在は、汎用性の高い中・大規模木造建築に向けての架構システムや接合方法の開発が求められている。

　奈良県五條市の「シダーアリーナ（2016）」[p128-133]では、地域材のスギ材を使った一般流通する中小断面住宅用集成材で、約50mスパンの木造トラス屋根架構を実現している。今後は、汎用性のある部材や接合金物を開発することで、中・大規模木造建築の普及・拡大が期待できる。

「シダーアリーナ」
木造立体トラス架構の詳細（内観）

キヅカイのケンチク

04 大伽藍の建築

7 04A 空海ドーム
Kukai Dome

　香川県坂出市にある瀬戸大橋の開通に合わせて「瀬戸大橋博覧会'88」が開催された。「空海ドーム」は、瀬戸内に面した会場の先端に位置し、橋を一望できる場所に計画されたメインイベントホールで、木造ドーム建築である。当初、四国は、森林が豊かで地域材を使って整備できると提案した。しかし、その当時、日本ではまだ地域材を使った大架構を作るための素材性能や法体系が十分に整っていなかった。

　この建築は仮設建築で建設され、評判が良かったため博覧会終了後も残すことが決まり、当時の建設大臣の特認を受けて恒久施設として改修し、現在に至っている。

　構造はベイマツ集成材を使用し、すべての梁材を高さ65cm、厚さ13cm、長さ5.8mで統一してドーム状に構成した。梁にはセンタースリットにスチール金物を挟み、ドリフトピンで固定している。ドームの最高部から、外に向かって角度を開いて梁材を三角形に組みながらシングルレイアードーム構造としている。海側に橋と海を望むステージを設け、ドーム屋根をカットして、海に空間を開放している。

　ドーム形状であれば、構造上は問題なかったが、ドーム屋根をカットしたので、風荷重のバランスが崩れ、熊本大学で風洞実験を重ねて、ドーム屋根に加わる風荷重の全体像を確認して構造設計を行った。特異なドーム屋根であるため技術的課題も多く、建築家木島安史氏（1937-1992）は、新しい構造設計に信頼のおける地元出身の構造家木村俊彦氏（1926-2009）に依頼して実現させた。国内でも当時最大規模の木造建築であったため、この工事を担当したゼネコンの研究所に協力を仰ぎ、現場での施工変形を確認しながら建設した。当初は、「タコマドーム」のように無足場を提案したが、国内の施工基準に於ける安全基準を満たすことができず、総足場の施工になった。

　このように、国内初めてのプロジェクトであったため、施工会社の研究所は、設計から施工までのすべてのデータを集め、ここで得られた技術成果を活して、島根県の「出雲ドーム」を実現させたと聞いている。ひとつの技術が、次の技術を生み出すという、このような技術継承は、公共建築に課せられた役割でもある。

瀬戸大橋を背景に「空海ドーム」の全景

作　品　名：空海ドーム
建　物　名：瀬戸大橋博'88イベントプラザ「空海ドーム」
竣　　　工：1988.02
所　在　地：香川県坂出市
用　　　途：観覧場・集会場
構　　　造：シングルレイヤードーム構造
主　要　木　材：ベイマツ集成材
構　造　設　計：木村俊彦／木村俊彦構造事務所
受　　　賞：ディスプレイデザイン賞奨励賞

※ 詳細なデータは巻末の作品リスト参照

ドーム屋根架構をカットして瀬戸大橋を望めるようにした（内観）

ドーム屋根架構と客席（内観）

7　04B　小国中学校体育館
Oguni Junior High School Gymnasium

　熊本県小国町は、小国スギで有名な林業が盛んな地域である。町では「悠木の里づくり」を掲げたまちづくりが進められ、町の公共施設の整備では積極的に地元材を使った木造建築が採用されている。既に、「小国ドーム（1988）」が建設され、その後同町には、「西里小学校（1991）」を設計していた。

　計画当初から、町が保有する森林で育成されている木材の情報を得て設計している。この時点、地元で最も多量に算出されている木材の中から、数量の確保が可能で安価な木材である25年生のスギ材を紹介され、構造計画を進めた。建築は、2階までの2層を打ち放しコンクリート造として下部構造とし、その上にスギ製材を立体トラスにした屋根架構を載せ、木架構部分は、外壁をガラスカーテンウォールで囲い、室内への採光と周辺の森林を望める窓としている。外観は2層の鉄筋コンクリート造の立体架構のファサードが特徴で、室内は明るく軽快な木架構に覆われた木質空間が実現している。

　屋根架構は、合理的な寸法で割り付けられたスギ製材で構成されたフィーンディール構造である。屋根は低い勾配の寄せ棟屋根とし、木架構は束ね柱に4本のスギ製材をボルトで止め、挟み梁で立体トラスを構成。上部は、寄せ棟屋根に合わせて傾斜して架け、下部は、ライズの低いドーム形状に中央がせり上がるように、材料の長さを揃えて階段状に組み、無垢の木材の力強さが伝わってくる木架構が実現した。

　地域材を生かした木造建築をデザインするためには、地元の地域材の生産状況を把握し設計することが重要になる。以前、西里小学校の設計でも同様の試みをしているため、その経験を活かして、小国町をよく知る建築家木島安史氏（1937-1992）が全体の建築のストリーを組み立て、木質構造の経験豊富な構造家中田捷夫氏（1940-）と地元九州在住の構造家草場基成氏（1950-）の協働によって実現できた。私は、担当者として、様々な調整をする機会を得て、地域材の特徴を引き出した木造建築の貴重な経験ができた。

ファサード全景

作　品　名：小国中学校体育館
建　物　名：小国町立小国中学校体育館
竣　　　工：1993.07
所　在　地：熊本県小国町
用　　　途：体育館
構　　　造：木造梯子構造
主要木材：スギ製材
構造設計：草場基成／草場建築構造計画
　　　　　中田捷夫／中田捷夫研究室

※ 詳細なデータは巻末の作品リスト参照

キヅカイのケンチク

アリーナ室内の中央にせり上がる木架構（内観）

04 大伽藍の建築

木架構の詳細（内観）

7 04C 山陰・夢みなと博覧会
Japan EXPO Tottori, General exhibition pavilion & Event Plaza

　鳥取県と境港市は、「山陰・夢みなと博覧会1997」の開催に合わせ、港湾地域を「環日本海交流」をテーマに国際貿易港として充実を図るためにFAZ地区（輸入促進地域）に指定し、予定されている公共事業をすべて洗い出し、先行的に海浜公園、温泉館、FAZ倉庫、市場施設を整備した。特に、FAZ倉庫は躯体までを仕上げて仮設利用し、その後、本格整備をする手法を導入した。

　この博覧会は、県内の木材関連産業の課題解決をテーマに様々なプロジェクトが立ち上げられ、地域の未来を創造する成果を残すことを目的とした。会場整備では、森林県の木材を活かして木造建築に取り組むリーデングプロジェクトに位置づけ、すべての仮設施設を木造建築で計画している。

　県内の川上から川下までの森林・林業、製材業等の木材関連産業の関係者と地元設計事務所協会のメンバーと、木造建築の専門家が一緒に参加したプロジェクトチームを立ち上げ、最新の木造建築の技術・ノウハウを学ぶ機会としたので、県木材試験場の協力のもとに新たな産業育成を視野に入れた。終了後は、メンバーが経験と成果を活かして県県内各地の公共施設の木造化を推進する中心的な役割を担っている。

　仮設施設は、建築の大小に分けて個別の建築システムを開発した。最も整備量が多い床面積約1万㎡に及ぶ一般出展パビリオンと、大空間のイベントホールは大断面集成材とパネルシステムを使って再築可能な建築構造を開発した。主要構造には、強度、性能、コスト面からベイマツ集成材を使用している。

　一般出展パビリオンは再利用を想定して、スパン24m、高さ7.2mで計画している。構造は、門型フレームにパネルを取り付け、欧州で開発された接合金物を導入した。短期間に大空間の解体・移設が可能となる新しい架構システムが開発できた。

　メインイベントホールは、同様のフレームで壁面と屋根を構成し、一辺が31m（円弧上の長さ）の三角平面形で2重空気膜構造の屋根を架け、開放的な無柱の木質大空間を実現している。サブイベントホールは、四角の平面形状に円形の屋根を架けるため、外壁面を徐々に広げたコノイド曲面を構成し、3次元の流れをもつ木質空間とした。

　小規模建築では、製材を使った新たな試みによって木造建築の可能性を探りながら地元設計事務所協会が中心に設計を担当、木造建築のノウハウを伝える貴重な機会となった。

会場全景（俯瞰）

作 品 名：山陰・夢みなと博覧会
　　　　　ゲート・メインイベントホール・
　　　　　サブイベントホール・一般パビリオン
建 物 名：ジャパンエキスポ鳥取97 山陰・夢みなと
　　　　　博覧会　ゲート・メインイベントホール・
　　　　　サブイベントホール・一般パビリオン
竣　　工：1997.06
所 在 地：鳥取県境港市（撤去済）
用　　途：展示場
構　　造：門型ラーメン＋パネル構造
主要木材：ベイマツ集成材
構造設計：中田捷夫／中田捷夫研究室

受　　賞：第3回21世紀の「人と建築技術」賞

※ 詳細なデータは巻末の作品リスト参照

キヅカイのケンチク

3段に重ねられ、上部が開かれた木架構のゲート（外観）

正方形平面に、円形の屋根を載せたサブイベントホール（外観）

04 大伽藍の建築

メインイベントホール（外観）

メインイベントホール：天井は二重幕（内観）

一般出展パビリオン（外観）

一般出展パビリオン（内観）

7　04D　ヒビッキーホール
Hibikky Hall

　福岡県北九州市は、公害問題の解決をめざして環境関連産業の育成を進めているが、産業育成と八幡地区の駅前再開発のために「北九州博覧祭2001」が開催された。

　博覧会のテーマは、「響きあう 人・まち・技術」。重厚長大のものづくりから、ゼロエミッションの環境先進都市を目指し、会場整備にあたっては、会場施設に「3R」をテーマとして、建築そのものをショールーム化することを目指して、様々な環境建築を試みている。

　会場のシンボル施設となるメインイベントホール「ヒビッキーホール」は、産業＝「鉄」と、環境＝「木」の2つの材料を対比させた建築デザインとしている。主要構造は、仮設材による門型鋼製立体トラスの6基を、舞台のプロセニアムを最大の高さにして、舞台裏と客席に向かって徐々に低く並べ、トラス間にはLVLパネルを吊り下げて、連続する円弧状の屋根架構とし、アプローチ側に大屋根の雨処理を兼ねた庇屋根を設け、メインアプローチのキャノピー空間としてメインファサードを構成している。

　鋼材立体トラスと木製パネルが織り成す連続する波型屋根のスカイラインは、会場周辺の山並みにも呼応し、さらにシンボル性を高めている。内部空間は、円弧を描くLVLパネルの二重ルーバー壁、各所に木製ルーバー等を施すことによって、音響効果を高め、大勢の人が集客できる木質空間を実現している。LVLパネルは、相互に重ねボルトで接合して、パネルの再利用を可能にしている。

　博覧会は仮設建築であるが、このような実験的な試みによって、その後に大きな可能性を残こす機会となる。資源循環型の木造ハイブリッド建築を実現させ、新たな技術とデザインのノウハウを広く発表できる場であるため、今後の木造建築の発展に大いに貢献できたと考えている。

「ヒビッキーホール」全景

作 品 名：ヒビッキーホール
建 物 名：北九州博覧祭2001 メインイベントホール「ヒビッキーホール」
竣　　 工：2001.06
所 在 地：福岡県北九州市（撤去済）
用　　 途：観覧場
構　　 造：門型鉄骨トラス＋吊りパネル構造
主要木材：ベイマツLVL
構造設計：長谷川一美／構造空間設計室

※ 詳細なデータは巻末の作品リスト参照

キヅカイのケンチク

LVLパネルの外壁とルーバー壁で構成した室内（内観）

連続した円弧状のLVLパネルによる木架構（内観）

7 04E　シダーアリーナ
Cedar Arena

　奈良県五條市の上野公園総合体育館「シダーアリーナ」は、「地材地匠」を目標に計画された。これまで、大型体育館を木造建築でつくるためには、特殊な大断面集成材を製作することが多く、汎用性のある一般住宅用の小中断面集成材などは使われていない。この木造立体トラスは、地域内に留まることなく、広く社会に向けて汎用性のある技術として開発している。

　この体育館では、もう一つの下屋棟も同様に耐火建築が求められた。こちらは、十分な空間が確保できないので、木質耐火構造部材のメンブレム型を採用して計画した。これも地元の大断面集成材メーカーからの調達によって実現している。

　この建築は、上野（こうずけ）公園の調整池に隣接した高台に計画され、アリーナ棟と下屋棟の2つの棟から構成されている。アリーナ棟は、鉄筋コンクリート造の躯体の上に、鉄骨造のキールトラスと木造立体トラスで約50mスパンの「寄棟むくり屋根」で覆うという構成である。

　屋根架構は、稜線に沿って鉄骨造のキールボックストラスを設け、そこに最大約25mの木造立体トラスを架けて、その上に屋根下地となる木製パネルを金物で接合して、屋根面の水平剛性を確保したハイブリッド構造である。また、下屋棟は、木質耐火構造部材のメンブレム型を採用して、柱は鉄骨造として、梁は直線と湾曲の二種類の集成材によって柱梁構造とし、流れる曲面屋根を構成している。

　今回のように、一般住宅用中断面集成材を利用することは、公共建築の素材供給面で革新的な取り組みであり、このように常時、住宅用に生産されている木材製品を使うことで、住宅産業と同じように公共施設も、いつでもどこでも入手できる部材と接合金物の供給体制が整備できれば、コストを低減して建設できるようになる。

　アリーナ棟の大空間は、「耐火性能検証により必要な耐火性能が確保されていることを確認する」を使い、下屋棟は「告示または個別に大臣認定を取得した耐火構造を用いる」を採用することで実現している。特に防災計画では、建築家安井昇氏（1968-）に参加いただいて実現できた。

「シダーアリーナ」全景

作 品 名：シダーアリーナ
建 物 名：五條市上野公園総合体育館
　　　　　「シダーアリーナ」
竣　　工：2016.09
所 在 地：奈良県五條市
用　　途：体育館・集会場
構　　造：木造トラス
　　　　　＋キール鉄骨によるハイブリッド構造
主要木材：スギ集成材（中断面）
構造設計：中田捷夫／中田捷夫研究室

受　　賞：木材利用推進中央協議会会長賞

※ 詳細なデータは巻末の作品リスト参照

キヅカイのケンチク

04 大伽藍の建築

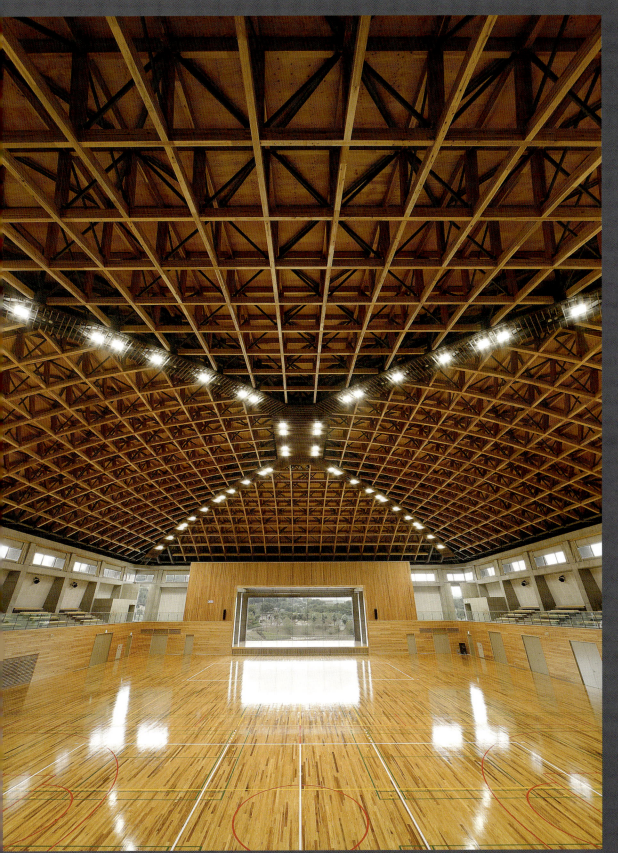

アリーナ内部見上げ

下屋棟妻側庇空間とカーテンウォール（外観）

キヅカイのケンチク

04 大伽藍の建築

下屋棟の局面屋根のファサード（外観）

アプローチ側ファサード（外観）

エントランスホール：スギ大断面集成材の1時間耐火、メンブレム型木架構（内観）

開放性の高いトレーニングルーム（内観）

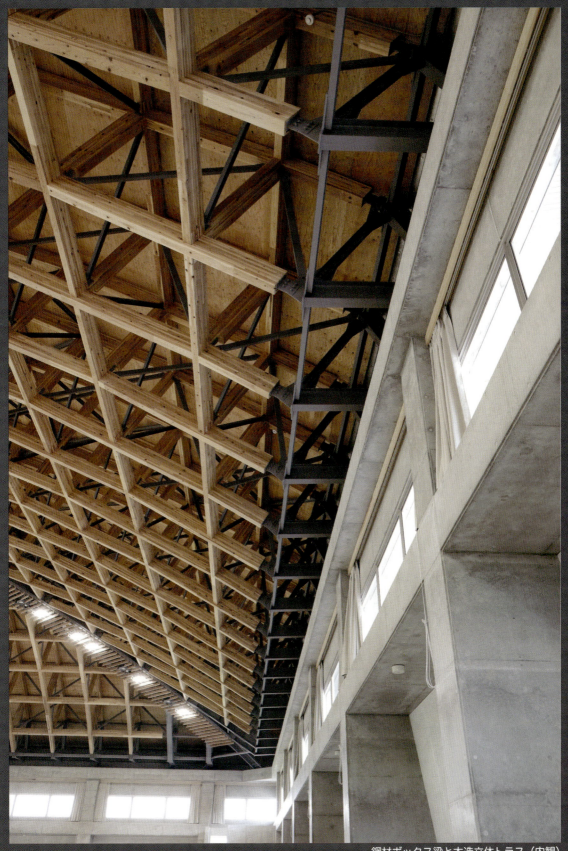

鋼材ボックス梁と木造立体トラス（内観）

7　05　音の建築

　建築の音環境は、様々な研究が実施されてきた。その多くは、建築室内の騒音対策などの室内環境性能が対象である。その一方で、音楽を演奏する音響環境を創出する劇場建築がある。

　世界的に有名な音楽ホールの建築は、建築家ハンス・シャロウン氏設計の「ベルリン・フィルハーモニー・コンサートホール（1963）」がある。客席が取り巻き、どの席でも快適な音響を楽しめる美しい室内環境を備えている。日本では「サントリーホール（1986）」が有名である。どちらもワインヤード形式の演奏ホールで、室内は美しい木質空間を備えている。建築家吉村順三氏設計の「八ヶ岳高原音楽堂（長野県南牧村・1988）」は、木造建築の音楽ホール建築で、外の風景を観ながら演奏が聴ける、気持ちの良い室内環境を備えている。

　木材は、素材性能から音を反射する特性がある。したがって、体育館などに入ると反響音が空間全体を包むような体験をするが、必ずしも快適な音環境をつくれるわけではない。例えば音楽ホールは、室内を木材で仕上げることが多いが、一般的には吸音壁が設けられ、木格子や有孔木製パネルで仕上げられることが多い。

　木造建築として、木材だけで音響性能のよい音楽ホールはできるのか、ヤマハ音響研究所の所長に相談したところ、構造材から仕上げまですべてを木材でつくった音楽ホールの事例は無く、研究もされていないことが分かった。私は若い頃にギターを弾いていたことから、アコースティックな楽器の内部の音環境に興味を持っていたので、一緒に挑戦をすることになった。

　こうした設計が可能になった背景には、設計の作図作業がデジタル化された「CAD」の登場にはじまる。そして更に3次元の描画が可能となった「3DCAD」の発達と、その3Dデータを元にさまざまな解析が可能となったことが大きい。設計は、意匠・構造・音響の3分野と3Dデータを共有しながら進められ、どの分野が優先されるということではなく、3分野が相互にアイデアを持ち寄る協働設計プロセスによって、木質空間の可能性を引き出す創造性豊かなプロジェクトとなった。

　現代は、木造建築であっても多様な空間表現が求められる。3DCADの普及で、設計の自由度も増し、構造性能が安定している集成材を用いる事例が増えている。集成材技術は、先進の欧米の加工生産技術を吸収し、3次元の形状でも効率良く加工することができ、低コストで自由な形状を製作・加工できる。施工数が増えなければ、こうした技術を育てることができない。

「花美人の里」の多目的ホール木架構詳細

キヅカイのケンチク

05 音の建築

7 05A　花美人の里
Hana-Bijin no Sato

　岡山県苫田郡奥津町（現：鏡野町）の奥津温泉は、美作三湯の一つである。吉井川の中州から豊富な温泉が自噴することから、街道沿いに旅館が立ち並び、渓谷と紅葉の美しい湯治温泉街が形成されて繁栄した。

　しかしその後、経済の変化から温泉街は活気を失い、そこにダム建設がもちあがり、町域の半分がダムに沈み、まちは大きく姿を変えた。これを契機に、新たなまちづくりが掲げられ、温泉街の再生が進められた。地域資源である渓谷美の景観とともに、豊富で良質な泉質の美人湯と花卉産業を基軸とした観光交流施設の整備が計画された。

　当初は、温浴施設を単独に整備する予定であったが、既存の歴史ある温泉街の町並みを継承してヒューマンスケールの建築群で構成してまちの賑わいを取り戻す計画になるよう提案し直した。

　この建築は「花温泉」「花の館」「花工房」の3つの施設群を「花回廊（220m）」で繋ぐ構成としている。各施設は、屋内外で繋がり、それぞれ特徴のある木質空間によって多様な場を創出し、四季の風景を楽しめる温泉情緒ある環境づくりを目指した。

　「花温泉」のエントランスホールは、森のイメージで上部に向かって斜材が広がる列柱が屋根を支えている。「浴室棟」は、2つの空間をもち、露天風呂を設けて川の風景を取り込み、丸太組みの架構に包まれる湯空間としている。「花の館」は、飲食・物販スペースであり、小径木の立体トラスで切り妻屋根を支える蔵空間とし、分棟配置で懐かしさを感じられるように界隈性を形成している。「花工房」は、三日月形の温室を、連続平行門型フレームと湾曲集成材の組み柱で木架構を構成、ガラスで覆われた明るい温室空間とし、カフェスペースとしても利用できるようにウッドデッキテラスを設けている。

　この施設のシンボルである多目的ホールは、地元の花卉産業を象徴する「菊の花」をイメージした3段の楕円ドーム屋根である。S字型湾曲集成材を組み合わせて、流れのある立体的な木架構としている。木材は音を反射する素材なので、ホールでは通常、吸音面を設けて空間音響を調整するのだが、ここでは構造体を二重にすることで、反射音を減衰させて音場を確保している。これは意匠・構造・音響の設計者がデータを連動させながら設計できたので、それぞれの最適解を探りながら音環境を実現することができた。

「花美人の里」全景（俯瞰）

作　品　名：花美人の里
建　物　名：奥津温泉「花美人の里」
竣　　　工：1999.05
所　在　地：岡山県鏡野町
用　　　途：公衆浴場・飲食・集会場・展示場
構　　　造：三連S字集成材楕円ドーム構造
主 要 木 材：サザンイエローパイン集成材・ベイマツ集成材
構 造 設 計：中田捷夫／中田捷夫研究室
　　　　　　協力：力体工房＋中野建築構造設計＋形象社

受　　　賞：アメリカンウッドアワーズ2000 入賞
　　　　　　アメリカエンジニアリングウッド協会賞
　　　　　　アメリカサザンイエローパイン協会賞
　　　　　　日本木材青壮年団体連合会会長賞　他

※ 詳細なデータは巻末の作品リスト参照

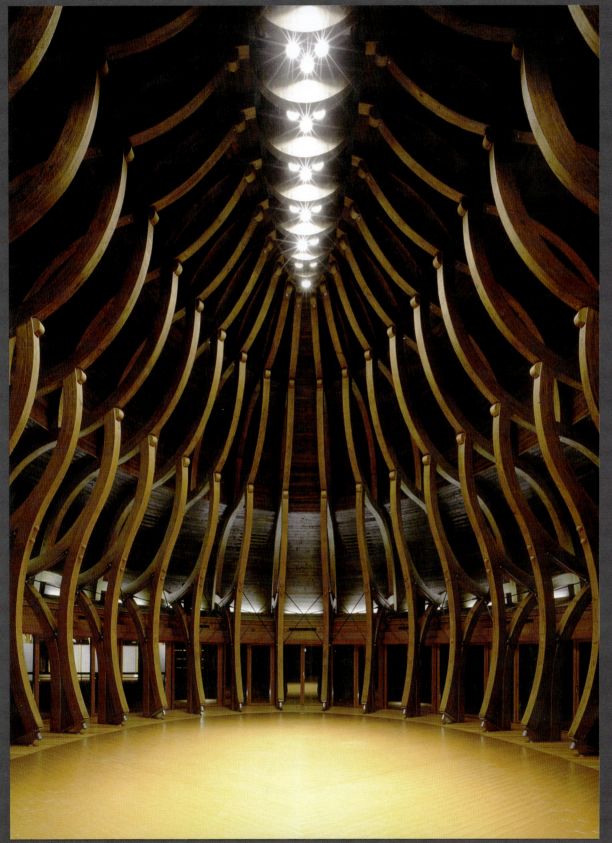

多目的ホールの木架構（内観）

池と多目的ホールの全景

キヅカイのケンチク

「花温泉」のファサードと「花回廊」を望む（外観）

05 音の建築

丸太材の木架構による「花温泉」（内観）

屋内回廊は木梁の上に鉄筋コンクリート造の床を打設(内観)

切妻屋根をシザーズトラスで構成する(内観)

森をイメージした列柱で構成されたエントランスホール（内観）

「花の館」と「花回廊」と池を望む(外観)

「花の館」の木質化した室内(内観)

花市が開かれる、湾曲を描く「花回廊」(内観)

「花温泉」と「花の館」を繋ぐブリッジ（内観）

多目的ホールのデッキから池とブリッジを望む（外観）

キヅカイのケンチク

足踏み洗濯の池と、「花工房」を望む（外観）

三日月型の「花工房」に充分な光を取り込んだ温室空間（内観）

7 05B　オホーツク・ウッドピア
Okhotsk Woodpia

　北海道留辺蘂（るべしべ）町（現：北見市）は、オホーツク地域の内陸部に位置し、昔からカラマツの産地として、製材・木材加工産業が集積している木材産業のまちである。新たに地域材の利用拡大を図るため、木材加工産業の有志が集まり、新会社を設立して、この集成材生産に乗り出した。

　相談を受けた時点では、既に鉄骨造で補助金申請されていたが、木造建築を提案して採用された。この工場は、全体が完成するまで段階的に工場施設を整備するため、新しく工場や倉庫を建設する際には、この集成材工場で生産した自前の集成材を、構造材や仕上材として使用している。

　第1期は、管理事務棟と集成材工場を建設。引き続き第2期には工場・倉庫を整備する。この工場を運営する新会社の皆さんは、理事長をはじめ木製品の加工・販売を熟知している方々が多く、豊富な営業経験から、地域外に積極的に営業活動を広げ、受注の活動を展開していった。建築分野以外の木材についての知識が豊富で、とても前向きに事業に取り組んでいた。

　最初の工場棟は、ローコストの木造建築になった。この地域は豪雪地帯なので、北側に傾斜した片流れ屋根によって落雪させ、南側は外壁上部に高窓を設け、施設の奥深くまで自然光が届くようにデザインし、明るい作業空間を確保した。

　構造は、地域材の唐松を大断面集成材に加工し、スパン20mの大空間を、V字柱にL型の梁と柱を架ける木架構とし、接合は現場接着してボルトで補強した。さらに桁行方向は、構造用合板で製作した波型ボックス梁を架け、連続したリズミカルな木架構とした。工場内の機械騒音の軽減と空気層による断熱効果を上げて、作業環境を少しでも良くするように計画している。

　当初は、工場稼働が思わしくなく、赤字が続いたそうだ。しかし、工場検査で、この工場のデザインが各方面から評価され、注目されるようになるにつれ、徐々に受注が増え、近年、黒字に転換したと聞く。こうした挑戦が、十数年以上をかけて直接的に経済効果をもたらしてくれたのは、設計者として嬉しい成果である。

事務所棟側から工場棟を望む（外観）

作 品 名：オホーツク・ウッドピア
建 物 名：オホーツク・ウッドピア
竣　　工：2002.07
所 在 地：北海道北見市
用　　途：工場・倉庫・事務所
構　　造：大断面集成材+L型ラーメン構造
主要木材：ホワイトウッド（欧州カラマツ）
構造設計：長谷川一美／構造空間設計室室

※ 詳細なデータは巻末の作品リスト参照

キヅカイのケンチク

「集成材工場棟」：南側高窓から工場内全体に光が入り込む（内観）

木集成材工場で製造された集成材でつくられた「加工工場棟」（内観）

7　06　舟の建築

　日本は海に囲まれ、南北約3,000kmに及ぶ大小の島が連なる多島列島の国である。従って、国内はもとより、周辺諸国との交流には舟運で行われてきた。

　日本の船の歴史を辿ると、古墳時代の丸木船に始まり、江戸時代まで、ご朱印船、遣明船、安宅船、関船、弁財船、北前船など、種々の船が造られてきた。その多くが木を組み合わせた「箱舟形式」の和船であった。その後、欧米の影響を受け、新たな技術が導入され　木造船の形式に変化してきた。日本の木造建築で、和船の形式が影響した事例は確認できていない。

　一方、ヨーロッパにおける木造建築のルーツを探ると、「森」・「船」の2つの流れがある。その一つの「アルプス建築」は、針葉樹の深い森を象徴した垂直に伸びる空間性が特徴である。もう一つの「海洋建築」は、バイキングの木造船から発想され、船を逆さにした屋根構造が特徴である。

　船の歴史は、最初に小型船の丸木舟がつくられ、一本の巨木を刳り抜いた堅牢なモノコック構造である。その中でも、外洋に出た大規模な船も確認されている。次に、中型船は、板材を張り合わせた箱型構造である。船底が平らなため、船体の安定性に欠けている。日中交流を支えた「遣唐使船」は、外洋などで多くが座礁している。そして、大型船は、人間の骨組から発想されと言われ、舟の背骨となる竜骨（キール）材と直交する肋骨に相当する内竜骨（リブ）材を連続させて船体形状を構成している。仕上げは、外板を張り上げ、水上で受ける変化に富んだ外力から船体を保持する強固な木構造となっている。その仕組みを屋根架構に応用したのが洋小屋組である。従って、和小屋組のように木材を積み上げる木組みに比べて、高い構造性能が確保できる。

　この洋小屋組は、剛性の高い屋根架構なので、大地から屋根を浮かせた空間構造にすることで解放性を確保できる。そして、自由な曲面の空間構造も可能になる。現代の木材の加工技術は、熱を加えて木を曲げる方法や集成材などによって、3次元の部材を容易に製造することができる。したがって、木造建築でも3次元のCAD図が描ければ、建築の自由な形態やデザインが可能である。

　日本は欧米に比べ、3次元加工機などの先端加工機械の導入が遅れているため、限られた工場でしか対応できず、複雑な加工、大型部材の制作や加工が容易にできる環境は整っていない。今後、高度な木材加工の技術を備えたインフラを充実させなければ、木造建築の更なる発展は見込めない。

世界リゾート博'95「展示館」の施工風景

キヅカイのケンチク

06 舟の建築

7　06A　世界リゾート博 '95「テーマ館」
Japan EXPO 1995 World Resort Exposition WAKAYAMA "Theme Pavilion"

　和歌山県の和歌山市と海南市の沖合を埋め立てた人工島の「マリーナシティ」は、「海洋交流都市」を目標に、国内最大級のマリーナを中心に、リゾート都市として整備された。その島開きイベントとして、「21世紀のリゾート体験」をテーマに、世界リゾート博'95が開催された。

　会場計画では、海を背景に豊かな体験楽習の舞台となるリゾート景観の創出を目標とした。会場施設は、海の交流を象徴した「船の建築」をテーマとし、帆船をイメージして、木材と帆を持つ建築デザインを基調とした。施設には、県産材の紀州ヒノキ材、スギ材を活用し、木の国をアピールした。

　テーマ館は、マリーナに面した護岸に約300mの長さを有する回廊をメイン動線として展示館と映像館を繋いでいる。

　回廊は、スギ材の柱、梁で2層の木架構とし、デッキは、ヒノキ材で仕上げている。下層は日陰空間、上層は展望空間とし、主導線として各施設を繋いでいる。

　映像館と展示館は、集成材と鋼材をハイブリッド構造とした木質建築である。展示館は、船を横にした架構を、船型のエッジ部分に3本の鋼管キールアーチを短部で堅桔させ、その間にリブ材のベイマツの湾曲集成材を架け渡している。曲面の屋根・外壁は、垂木と合版で仕上げている。

　映像館は、2階に映像シアター部分を浮かせ、待ちスペースのピロティ空間を設けた。構造は、湾曲集成材のベイマツリング梁を2方向に直交させて籠状に組み上げ、接合部に4本のL型アングル金物を設置して、ボルトで固定している。柱は、接合部のL型アングルをそのまま地上まで延長して束ね柱とし、四周には転倒防止のバットレスを設け、建物全体を支えている。床面は、水平の溝形鋼を架け、木製パネルを設置して水平構面を形成している。

　その他の会場を構成する大型施設、メインゲート、イベントホール、民間パビリオン群は、新たに鉄骨とテント膜を組み合わせた可変架構システムを開発し、それぞれの空間特性に合わせて整備した。また、小型施設のサービス施設の休憩所やレストラン等は、在来構法の木造建築を基本に、渡り鳥をイメージした屋根を載せ、軽快な木製シェルターを開発している。

会場全景（遠景）

作 品 名：世界リゾート博'95「テーマ館」
建 物 名：世界リゾート博'95「テーマ館」
竣　　工：1994.07
所 在 地：和歌山県和歌山市（撤去済）
用　　途：展示場・映画館・ブリッジ
構　　造：湾曲集成材の籠状構造
主要木材：ベイマツ集成材
構造設計：長谷川一美／構造空間設計室室
受　　賞：ディスプレイデザイン賞入選

※ 詳細なデータは巻末の作品リスト参照

キヅカイのケンチク

テーマ館（外観）

テーマ館の回廊デッキの二階部分（外観）

06 舟の建築

マリーナ越しに見えるテーマ館の夕景（外観）

回廊デッキと「映像館」を望む（外観）

L型アングルの束ね柱で浮かんだ「映像館」（外観）

キヅカイのケンチク

回廊デッキと「展示館」を望む（外観）

鋼管の柱で支えられた「展示館」（外観）

06　舟の建築

155

7　06B　エコファミリーパーク
Eco Family Park

　福島空港が1993年開港され、隣接する臨空都市整備計画が推進していた福島県須賀川市に、地方博覧会として初めての、森の中を会場とした「自然との共生」をテーマの「うつくしま未来博2001」が開催された。この博覧会は、環境に優しい２１世紀のライフスタイルの実現のため、会場46ｈａの広さで展開し、環境体験型展示の手法で計画された。

　博覧会のテーマゾーンの一つとして計画された環境体験型「エコファミリーパーク」は、傾斜する敷地に、ビオトープや広葉樹林を既存の自然を生かしながら整備し、子供達が遊びながら学ぶ「環境ウォークラリー」が展開する会場である。したがって、そのフィールドを阻害しないように、地形の形状をそのまま残した環境共生型建築が条件となった。そのため展示施設は、自然と共生する姿を実物展示として体験できる建築そのものを展示空間として位置づけて計画した。

　展示施設の建築は、スケールダウンした木造の繭形ドームを分棟配置することで、光や風をゾーン全体に取り入れられるように浮き構造としている。繭型ドームの室内は、リング梁上部にトップライトを設け、室内に光を取り込むのと風の流れをつくりだした。それら繭型ドーム周辺をＳ字を描くように、木造の浮きデッキを設けスロープや階段で巡る構成とした。その結果、自然環境の中で、自然を阻害しない浮遊する建築を提案できた。

　この展示施設の構造は、繭型ドームの木質ハイブリッド構造と浮きデッキの木構造で構成されている。繭型ドームの構造は、地上から床面とドームを支える傾斜する３本の丸柱で、リング梁を支え、水平梁を重ね、床を木造とし、テンション材で３次曲面の剛性、木質パネルを重ね貼りして、面剛性を確保した木質ハイブリッド構造である。

　地球環境に中で、自然と共生した暮らしを実現させる環境共生型建築を木質ハイブリッド構造の繭型ドームによって、自然と共生する建築モデルが実現できたと考える。

繭形ドームと浮きデッキ（全景）

作　品　名：エコファミリーパーク
建　物　名：うつくしま未来博2001
　　　　　　「エコファミリーパーク」
竣　　　工：2001.05
所　在　地：福島県須賀川市（撤去済）
用　　　途：展示場
構　　　造：繭型ドーム木質ハイブリッド構造
　　　　　　＋ LVL 屋根構造
主要木材：スギ製材
構造設計：長谷川一美／構造空間設計室

※ 詳細なデータは巻末の作品リスト参照

繭形ドームのトップライトと木質ハイブリッド構造の室内（内観）

07 景の建築

　日本では、「景観10年」、「風景100年」、「風土1,000年」と言われる。これは、私たちがつくる人工物の文化的価値が、時間の経過によって形成されることを示している。

　建築は、「景観」としてつくられ、その後「風景」に成り得るかが問われる。多くの建築は、物理的な寿命よりは、社会的機能を失って壊される。歴史的には、それを超える建築が存在する。我々建築家は、社会資本となる建築をつくり、「風景」を形成すべきである。

　日本は、江戸時代まで、木造建築によって文化的価値のある「風景」を形成してきた。明治維新以降は、欧米文化の輸入、そして、新たな木造技術の洋風木造建築が導入され、以来、現在に至るまで、建築の様式は、混在のままで、現代の状況は、さらに混沌としている。しかし、環境と共生する時代にあって、新たな「風景」を創出する木造建築のあり方を模索すべきである。

　ランドスケープは、欧米の考え方で、自然の何もないところから、人々が暮らせるまちを作るために、人間と自然、人間と環境などの関係性を人工的に整える技術である。

　一方、日本のように長い歴史のある国では、自然発生的に幾重にも、地層のように文化が重ねられ、長い時間をかけて風景が形成されてきた。そのために「継続」と「創造」を両輪とした「修景」によって、自然と統合させる環境コントロールを主に考えてきた。

　「景の建築」は、立地する環境・歴史・文化を反映して計画されるもので、それらの要素は、捉え方によって多様に展開される。そして、対比、調和、融和、混在など、多様な様相をともなったデザインとして表現される。

　豊かな自然環境の中では、建築そのものを、環境と対比的に捉えた上で、調和させる方法や環境そのものに消える方法が考えられている。一方、都市の中では、その都市の歴史・文化と都市空間のコンテキスト（文脈）を読み込んで、新たな都市景観を創出する建築が求められている。

　何れにしろ、社会のニーズは際限がなく、多様な要望が寄せられる。しかし、近年の自然志向や環境意識が強くなってきている時代にあっては、環境建築が求められる。その中で、自然素材を生かし、環境循環性が高い地域材を活用した木造建築の役割は大きいと言える。そして、地域の「風景」を創造する木造建築が重要になる。

「森林ふれあい館」を森から見る

キツカイのケンチク

07 景の建築

7 07A 道の駅安達「知恵子の里」
Roadside Station Adachi "Chieko no Sato"

　この道の駅は、当初から道の駅のスタンダードタイプを目標に、建設省（現：国土交通省）が主導し、検討ワークショップ委員会が設置され、道の駅の総合計画が作成され、段階的に施設整備を実施する計画であった。

　施設は、福島県安達町（現：二本松市）の国道4号に面している。計画では、駐車場と交流広場と屋外トイレ棟を最初に整備し、その後、道の駅の主要施設を順次整備し、機能の充実を図っている。

　主要施設は、国道側に駐車場を設け、敷地奥にトイレ棟と交流広場を独立して置き、隣接して緩やかに湾曲した片流れ屋根の回廊空間を安達太良山の景観と調和させ、来訪者を受け止めるデザインとした。施設全体の構成は、回廊空間に、道の駅の情報発信や休憩機能を備え、これに直行するようにレストラン、物販などの主要施設を配置している。

　片流れ屋根の構造は、鉄筋コンクリート造の独立柱に鉄骨造の斜材トラスのユニットを連続させ、登り梁と木質パネルで構成された屋根版を支える木質ハイブリッド構造である。プレハブリケーションできる架構システムを開発した。

　一方、屋外トイレ棟は、コンフォートステーションを目標にし、使いやすさはもちろんのこと、メンテナンスを容易する新たな試みを取り入れた。鉄筋コンクリート造の花びら状の外壁の上に、木質ハイブリッド構造の屋根を載せている。この木架構は、中心にダブルの鉄骨リング梁を置き、放射状に湾曲集成材梁（120mm×350mm）を架け渡している。リング梁上部にはトップライトを設け、十分な光を室内に取り込んでいる。

　平面計画の特徴は、外壁側にメンテナンススペースを設け、男女のトイレは、格子扉を設置して2つのゾーンに区画できるようにして、メンテナンス性を高めている。

　この建築では、木質ハイブリッド構造を採用することによって、木組みで構成される重厚さを和らげ、軽快な架構システムの木質空間が実現できた。

屋外トイレ棟と片流れ屋根の回廊棟の連続する外観（全景）

作　品　名：道の駅安達「知恵子の里」
建　物　名：道の駅安達「知恵子の里」
竣　　　工：1996.07
所　在　地：福島県二本松市
用　　　途：店舗・飲食・事務所・便所
構　　　造：湾曲集成材デュアルドーム構造・
　　　　　　集成材＋鉄骨トラス梁構造
主要木材：ベイマツ集成材
構造設計：中野久夫／MUSA研究所

受　　　賞：日本トイレ協会グッドトイレ10受賞

※ 詳細なデータは巻末の作品リスト参照

片流れ屋根の回廊空間の室内（内観）

屋根架構上部のトップライトから自然光を取り込み、上り梁を浮かび上がらせる（内観）

7 07B 阿蘇ミルク牧場
Aso Milk farm

　熊本県阿蘇地域は、阿蘇の外輪山の山並みを背景に、広大な放牧草地が拡がり、酪農が盛んにおこなわれ、眺望も素晴らしく、快適な環境の中で牛たちが暮らしている。熊本県酪農業協同組合連合会は、熊本空港の近傍の高台に、酪農業の振興と生産地と消費者の交流などを目的とした、酪農業を本格的に楽しく体験しながら学ぶ「体験楽習型」の観光牧場を整備した。

　計画地は、広大な33haの敷地で、観光牧場は3つのゾーンで構成している。牧場ゾーンは、丘の上の草地に、メモリアルゾーンとして酪農の導入時代の記憶をイメージした小さな山小屋と草地整備した。次に、飼育施設ゾーンは、本格的な牛舎とふれあい動物園を置き、交流体験ゾーンは、この施設の中心ゾーンでエントランスのある酪農業の交流と体験を提供する場などである。

　特に、交流体験施設の建築は、新たな「草地の建築」としてランドスケープの特徴である草地のアンジュレーションを取り入れた躍動感ある木造建築で、幾つにも分かれる建築群は、連続した曲面屋根を共有させることによって、連続した草地景観を創出している。

　主要屋根構造は、RC造の1方向の柱梁架構の上に、ベイマツ材の大断面湾曲集成材を2.7mピッチに連続して架け渡し、地域産材のスギ材の間伐材90㎜角を並べた連続小梁を架けている。この屋根構造は、構造家長谷川一美氏（1955-）と共に開発した「夢みなとタワー（1997）」[p82]の接合金物を応用し、多様な角度で接合できる半円形金物と引きボルトによる接合方法を採用して。接合金物の簡素化を図っている。

　さらに、外壁は、鉄筋コンクリート造の架構に、ウッドブロックを積層した木造壁としている。このウッドブロックは、間伐材のスギ材90mm角を、長さ約2,700mm、高さ640㎜、幅180mmのユニットを、スギ材90mmの束材の両面に90mmを半割りして両面に3段貼り付けている。コンクリートブロックのようにユニットを積み上げ、通しボルトで基礎や架構に固定している。

　この建築は、鉄筋コンクリートと木造のハイブリッド構造によって、開放的で、軽快なリズム感のある木質空間を有していながら、堅牢な木架構を実現している。

牧場全体の全景

作 品 名：阿蘇ミルク牧場
建 物 名：らくのうマザーズ「阿蘇ミルク牧場」
竣　　工：2000.03
所 在 地：熊本県阿蘇郡西原村
用　　途：店舗・事務所・飲食・展示場・牛乳工場
構　　造：湾曲集成材＋小径木ウッドブロック構造
主要木材：ベイマツ集成材・スギ製材
構造設計：長谷川一美／構造空間設計室
受　　賞：第6回熊本県木材利用大型施設コンクール入賞

※ 詳細なデータは巻末の作品リスト参照

エントランス棟の湾曲集成材と集成材の切妻屋根架構（外観）

エントランス棟の全景（外観）

物販施設の室内：大断面湾曲集成材と間伐材のスギ材 90mm の小梁が連続する（内観）

キヅカイのケンチク

ミルク工場棟のファサード：鉄筋コンクリート造の柱梁架構と湾曲集成材（外観）

レストラン室内：湾曲集成材と90角スギ材のリズムのある木架構（内観）

7 07C　森林ふれあい館
Shinrin Fureai Kan

　スペインの漁師の間には「森は海の母である」との言い伝えがある。私たちの祖先は「海」から生まれ、「森」と共に生きてきた。現代は、「森」の記憶が失われている。

　この建築は、東京都八王子市の山間部に広がる高尾の森の中に、森林環境教育、森林・林業の情報発信、森林ボランテア活動などの拠点づくりのために計画された。この森が持つ「場の力」を引き出だし、母の腕の中に抱かれる姿を思い浮かべ、「森の母聖」を感じられる柔らかな木質空間づくりが目標となった。

　敷地は、山間の谷筋に位置し、東西方向に開かれているものの、南北方向に山が迫っていた。無人で管理するために雪害対策や山間でありながらもバリアフリーが求められた。

　建築は、アプローチ軸と地形軸を基本に、主要機能を2つの木質空間に分け、互いに干渉し合うことで、相互の個性の融合を図っている。

　学習・研究棟は、森に浮かぶ直方体空間とし、妻側の大きな開口に森の風景を映し出すスクリーンの役割と展望機能を持たせ、森との出会いを演出している。一方、交流棟は、湾曲半ボールトの開放的な木質空間によって、大階段から室内の交流空間を経由して、奥にある交流広場まで連続している。南側に大きく開くことで、森の姿を望み、光が差し込む、屋根を北側に傾斜させて落雪対策とし、室内に心地よい風が吹き抜け、周辺環境やアクティビティーの変化など反映しながら、森に開放している。

　二つの空間の構造は、鉄筋コンクリート造の基礎で一体化され、研究・学習棟の直方体空間は、門型の集成材フレームを連続させ、南外壁と屋根でL型に面剛性を確保して、室内に基礎から立ち上げた鉄筋コンクリート造壁に鉄骨トラスを載せて木架構全体の剛性を確保した。一方、交流棟の湾曲半ボールト空間は、湾曲集成材に垂木と合板を貼り、室内側に、スギ材の小幅板を貼り、剛性の高い片持ちボールト屋根を構成し、傾斜した列柱で支えた軽快な木質空間としている。

ピロティ側ファサード見上げ

作 品 名：森林ふれあい館
建 物 名：高尾森林センター「森林ふれあい館」
竣　　工：2002.03
所 在 地：東京都八王子市
用　　途：集会場
構　　造：湾曲集成材ボールト・
　　　　　門型ラーメン構造
主要木材：カラマツ集成材
構造設計：中野久夫／MUSA研究所

受　　賞：グッドデザイン賞
　　　　　木質建築空間デザインコンテスト
　　　　　　　　　　　　　　　　優秀賞
　　　　　東京都建築士事務所協会東京建築賞

※ 詳細なデータは巻末の作品リスト参照

キヅカイのケンチク

07 景の建築

森の奥の交流広場から建築を望む（外観）

スギ材の天井板を貼ったボール空間の室内（内観）

キヅカイのケンチク

「学習・研究棟」の大開口から森林を望む（内観）

交流棟室内から「学習・研究棟」の外観と森林を望む（内観）

7　07D　道の駅「みかも」
Roadside Station "Mikamo"

　道の駅事業は、全国1,000ヶ所を目標に整備され、地域の文化や産業の交流の場として注目される。栃木県栃木市藤岡町の国道50号線沿いに計画されたこの施設は、全国で最初に防災拠点として、本格的に防災機能を強化した道の駅として整備された。

　この建築は、背後にある地域のシンボルである「みかも山」の景観と調和を図るために、木造平屋建てで計画した。東北には「曲り屋」と呼ばれる藁葺屋根の古い民家形式が数多く残っており、そうした素朴でシンプルな木造建築を、現代の木造技術で蘇えらせたかったため、平面計画は「曲り屋」の形状とした。これに切妻屋根を載せ、棟の曲線のうねりによって、背後の山並みのシルエットと呼応させ、大屋根と深い庇の空間を生み出した。

　古民家の藁葺屋根は、骨太の木軸組みによって奥深い天井を生み出し、空間全体を包み込むような豊かな室内環境をつくり出すことができる。こういった大屋根空間は、ともすると無駄のように感じるかも知れないが、室内の一体感を醸成し、人が集まる空間をつくり出す手法として、充分な魅力を秘めている。

　この敷地は、大きく円弧を描く国道と接するため、遠くから施設全体を視認できない。そこで、建築を前面に配置し、アクセスは駐車場からアプローチさせている。室内は、レストラン、テイクアウトショップ、物産施設、交流広場、トイレ休憩所の順でに一列に並べて配置して公園側に開放している。一方、道路側には、各サービス施設を配置している。大屋根空間の暗さを防ぐために棟に中廊下を通し、トップライトを設けて、室内に光を取り込んでいる。

　構造は、基礎を床上まで立ち上げ、4本の柱（150mm×150mm）で柱脚固定する「組み柱」とした。そして、上部の水平梁（170mm×400mm）の高さを変えて挟み、ボルト接合している。さらに、ダイナミックな大屋根空間は、湾曲する棟梁に軒先の水平桁梁から連続した登り梁（90mm×300～360mm）を架けた登り梁構造としている。

　伝統的な木組み、シンプルな接合方法を採用し剛性を高め、開放的で、流れのある木架構による木質空間が実現できた。

調整池からみかも山に連蔵する大屋根の全景

作 品 名：道の駅「みかも」
建 物 名：道の駅「みかも」
竣　　工：2006.03
所 在 地：栃木県栃木市
用　　途：店舗・飲食
構　　造：連続曲線 登り梁構造
　　　　　＋門型ラーメン構造
主要木材：スギ集成材・
　　　　　ベイマツ集成材
構造設計：中田捷夫／
　　　　　中田捷夫研究室
受　　賞：日本建築学会作品選奨
　　　　　JIA 優秀建築選
　　　　　第3回木の建築賞コンテンポラリーウッド賞

※ 詳細なデータは巻末の作品リスト参照

大屋根の棟にあるトップライトと欄間から光を取り入れる（内観）

ファサード側のうねる屋根と庇空間の全景(外観)

登り梁の連続した木架構に覆われるレストラン(内観)

キヅカイのケンチク

07 景の建築

「みかも山公園」に開いた軒先空間（外観）

7 08 複合の建築

建築は、社会や環境の変化に合わせて多様な機能が求められる。木造建築で学術的に可能だとしても、現実的には、コストや機能、各種法規制などによって、すべてを木造化できない場合がある。

複数の材料を適材適所に組み合わせて一つの構造部材とした「合成構造」と、異種部材を連結して一つの構造体とした「混合構造」があり、総称して複合構造（hybrid structure）としている。木造建築を主体としたものは「木質複合（ハイブリッド）建築」となり、このように木材と異種部材は、部材から架構システムまで幅広く多様に組み合わせられる。最終的に「複合構造」だとしても、木材の魅力が引き出されたものを「複合の建築」と考えている。

公共建築の場合、その社会的な役割から、一定以上の耐震、防火・耐火などの建築性能が要求され、「木質複合（ハイブリッド）建築」が多くなる。これまでの木材の研究開発で、技術性能を確保したエンジニアウッドも開発され、安定した性能でつくれる。さらに、木材と異種部材を自由に組み合わせる「複合構造」とすることによって、新たなプログラムに対応した豊かな木質空間が実現できる。

空間を構成する素材や仕組みを適材適所に組み合わせることで、異種構造が共存する「複合構造」は、これまでの構造設計では、設計ルートが明確でなかったので、個別認定で設計されてきた。しかし、今回の法律改定によって、その設計法が整理され、異種素材・異種架構の組み合わせが自由に設計できるようになり、新たな可能性が拡がっている。また公共建築では、耐火、準耐火木造建築が求められることから、国土交通省に研究会が設けられ、多層階の木質複合構造の設計法の検討が行われた。作成されたモデルは、「平面混構造」、「立面混構造」、「メンブレム構造」の3つの構造システムで、その資料がHPで公開されている

「平面混構造」は、階段室やEVシャフト等の垂直部分を耐火性のある鉄骨造や鉄筋コンクリート造とし、その他は柱、梁を1時間耐火の木質部材で構成した4階建てモデル。「立面混構造」は、1階を鉄骨造、鉄筋コンクリート造として上部に木造を2層を載せた3階建て、メンブレム構造は、木材に耐火被覆を施した3階建てモデル、それぞれ構造設計と各部の仕様と納まりが示されている。

防耐火研究も積極的に行われ、2012年に、耐火性能の実験として木造3階建モデルによる世界最大の火災実験などが行われ、防火・耐火性能を高める設計法も確立され、同時に建築基準法の緩和も行われている。今後、「都市木造」の分野の期待も高まっており、高層の多層階の「木質複合（ハイブリッド）建築」の実現も間近にきている。

「フェスティバルルーフ」の架構見上げ

02 複合の建築

7 | 08A　Aコープ るべしべ店
A-coop RUBESHIBE

　北海道留辺蘂町（現：北見市）の中心商店街に面した市街地中心に計画されたAコープは、農協が直営する商業施設である。これまでは、鉄骨造で作られることが多かった。しかし今回は、留辺蘂町が「木工のまち」として発展し、地元に新たな集成材工場「オホーツク・ウッドピア（2000）」[p146-147]が完成されたことを機会に、町の官民によって整備される施設には、積極的に地域材や地場産業のものづくりを育成する視点から木造建築の推進が図られている。

　一般的な商業施設は、店舗スペースとバックヤードから構成されている。商業空間には、一般的に鉄骨造で、家具、什器の配置変更と店内全体が見渡せることが求められスパン12mで計画される場合が多いい。

　この施設では、配置計画から、店舗スペースを大スパン（20m）で確保する必要があり、大断面集成材で、柱（220×1200mm）と、梁（220×1200mm）をL型フレームに構成して、壁で囲まれるバックヤードの鉄骨造に、フレームの片方の端部を架け渡している。したがって、店舗ゾーンを木造、バックヤードを鉄骨造とした平面混構造である。一方向の連続した平行梁による無柱空間を実現するのは難しく、木造建築の経験が豊富な構造家中田捷夫（なかたかつお）氏（1940-）と試みたプロジェクトである。

　北海道のような寒冷地では、素材の断熱性能、熱伝導率の低さなどから木材を使うことが必須であり、木造建築が適していると考える。しかし、新しい木造技術の普及には、プロジェクトや経験が少なかったため、こうした公共施設の木造化によって、幅広い用途で利活用する必要がある。

　特にこの地域は豪雪地帯であるため、屋根荷重への対応、異種構造の接合部など、難しい課題があった。この施設では、完成後も様々なトラブルに巻き込まれ、異種構造を混用する難しさを体験した。しかし、既にこういった商業空間は、多数整備されており、木造化することの大切さや、今後の木造ハイブリッド構造を推進するための貴重なノウハウを得ることができた。

建物全景

作品名：Aコープ るべしべ店
建物名：Aコープ るべしべ店
竣　工：2002.10
所在地：北海道北見市
用　途：店舗
構　造：大断面集成材+L型ラーメン構造
主要木材：カラマツ集成材
構造設計：中田捷夫／中田捷夫研究室

※ 詳細なデータは巻末の作品リスト参照

キヅカイのケンチク

08 複合の建築

20mスパンに掛かる大断面集成材の梁（施工中／内観）

7 08B　塩原もの語り館
Shiobara Imagination Archives

　栃木県北部に位置する那須塩原市の塩原温泉郷は、豊富で良質な温泉と、自然豊かな景勝の地として、古くから多くの人々に親しまれ、明治時代には、多数の著名な文人・文豪が湯治に訪れている。温泉街の活性化の核として、地域資産の再発見と新しい情報発信、さらに文化観光拠点して再構築をめざした「塩原もの語り館」が誕生した。

　敷地は塩原温泉を縦断する国道400号線と箒川に東西を挟まれた温泉街の中心に位置する。西側（国道側）にイベント広場兼用の駐車場を配し、南側に展示棟、北側に厨房棟とそれらを繋ぐブリッジ棟で構成している。国道側には農産物直売所、足湯コーナー等を設けることで地域住民と来湯者が気軽に立ち寄れる場所を設けている。ブリッジ棟からは箒川の吊り橋を望み、下部のデッキ広場は、渓流と山並みが望める休憩場所と野外舞台を兼ね備えている。温泉観光地の交流拠点を目指している。

　建築は、この地域のJR日光駅舎をはじめとする擬洋風建築様式をモデルとした和洋混在のデザインとし、温泉街の歴史的町並み景観との融合を図ることを目指した。構造は、鉄筋コンクリート増造と木造の複合構造とし、平面形はL型に配置した。

　アプローチとなるブリッジ状に掛け渡したレストラン棟は、厨房部分と主屋の鉄筋コンクリート造の躯体に大断面集成材の合わせ梁（250mm×1000mm、210mm×600mm）を2対架け渡し、上部に湾曲集成材の連続梁を並べて木造建築を載せ、母屋は、鉄筋コンクリート造の外壁に外断熱のサイディング壁を設け、室内は木造屋根架構を扇形木架構（80mm×270mm）で支えている。

　2階に上がるスロープの展示空間は、2×12材をL型にかけた上部構造の中に、踊り場の床を鉄筋コンクリート造とし、それに大断面集成材を横に設置してスロープ床と揺れ止めの手すりを設けている。

　それぞれの空間特性は異なっているが、木材の構造美を活かした架構体を実現している。また、吹抜け空間の大きな展示棟は外断熱と開口部の2重ガラスによって断熱と蓄熱の性能を高め、環境負荷の軽減を図っている。

　木造建築は、これまでどちらかというと木架構が優先されてきた。しかし今後は、立地する環境条件に適合する環境性能を備えた木造建築を創出してゆく時代になったと考えている。

箒川からの全景

作　品　名：塩原もの語り館
建　物　名：塩原もの語り館
竣　　　工：2003.03
所　在　地：栃木県那須塩原市
用　　　途：展示場・飲食・事務所
構　　　造：湾曲集成材＋RC造ハイブリッド構造
主要木材：ベイマツ集成材
構造設計：中野稔久／中野建築構造設計

※ 詳細なデータは巻末の作品リスト参照

キヅカイのケンチク

08 複合の建築

展示空間を構成する湾曲集成材架構の見上げ（内観）

スロープ空間：波打つ壁面と踊り場を鉄筋コンクリート造として大断面集成材でスロープを構成（内観）

キヅカイのケンチク

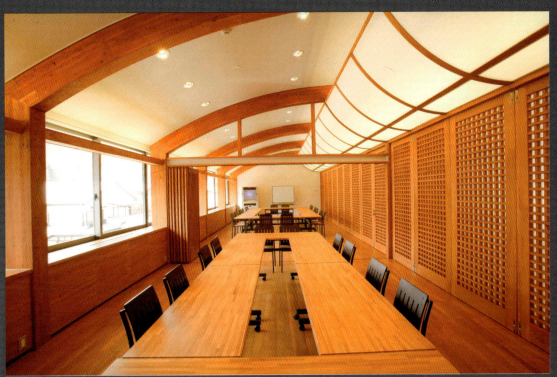

会議室（内観）

レストランから箒川を望む：湾曲集成の空間（内観）

08 複合の建築

7 08C　フェスティバルルーフ
Festival Roof

　四国の鉄道網のターミナル駅がある香川県高松市。このエリアは、海路と鉄路が結ばれる高松港に立地していたが、道路と鉄道が二層で掛かる「瀬戸大橋」が1988年に完成したことを皮切りに、陸路、海路、鉄路の三つが結ばれる拠点となった。これまで海路と鉄道を結びつけていた拠点港であった高松港を中心に、新たな交通網を活かした都市づくりをする必要に迫られた。同時に離島に対する海路も維持しなくてはならず、新たな観光交流の拠点として再整備する必要があり、再開発事業「サンポート高松」が計画された。その港に面した敷地に、様々な交流機会を創出するため、イベント開催の多目的集会場として「高松フェスティバルルーフ」が建設された。

　この建築は、扁平アーチ梁のテント屋根を持った「木質複合（ハイブリッド）建築」である。瀬戸内海を望む港に開放され、オープンな多目的集会場とするために四方を開放している。集会の規模の変化に合わせて、小集会の場合であればこの中に会場をつくり、大集会であればこの建築がステージにの役割をする可変的な利用を想定して計画されている。

　既に坂出市の瀬戸大橋の着地点に博覧会を契機に整備された「空海ドーム（1988）」[p118-119]が完成しており、ドームの1面をカットした大断面集成材による木造のドーム建築が実現しており、それよりもローコストにするために、新しい木架構を検討することになった。

　そこで考案した屋根の主要構造は、曲面方向に大断面集成材をダブルに重ねて連続させ、その集成材間の隙間に鉄鋼ブレースを斜めのたすき掛けで挿入して面剛性を確保している。集成材の外側には、ラッキングバーの鋼材のパイプを流してテント屋根で覆っている。

　高松空港の新たな交流空間として、木質ハイブリッド構造によって、軽快で開放的な木質空間を実現できた。

全景

作 品 名：フェスティバルルーフ
建 物 名：サンポート高松フェスティバルルーフ
竣　　工：2004.03
所 在 地：香川県高松市
用　　途：集会場
構　　造：湾曲集成材平行梁＋鉄骨ハイブリッド構造
主要木材：ベイマツ集成材
構造設計：徐 光／JSD

※ 詳細なデータは巻末の作品リスト参照

キヅカイのケンチク

湾曲した屋根架構（外観）

ダブルの湾曲集成材と鉄骨のハイブリッド架構（内観）

細い鉄骨柱と鉄鋼ブレースで開放感を創出（内観）

08 複合の建築

7 09 束の建築

　日本の森林・林業の現状を踏まえると、豊富な森林資源が育成され、蓄積され続けている。一方、十分な林業が行われず、放置されている森林も増加している。地域の林業を活性化するためにも地域材の利用を推進しなければならない。森林の現状は、伐採期を超え、大きく木材が育ち、利活用が急務である。一方、森林・林業の循環から産出される間伐材の利用も課題となっている。最も流通量が多い小径木の利用は、住宅以外では二次部材として使われる程度で、中規模木造建築に利活用の領域を広める必要がある。

　私たちの社会にある公共建築の整備では、コミュニティを単位とした暮らしの充実を図ることが求められるので、大規模な公共施設よりは、公民館、集会場、福祉施設、商業施設などの中規模施設の整備が増加すると考えられる。そうした施設は、人と人が接する空間であり、木質空間が適している。そこで、中規模木造建築で小径木を使って整備することが必要となる。一定の規模の市民が集まる場所は、無柱空間が求められるために、これまでは大断面集成材が多用されてきた。確かに、小径木も集成材に加工することで利活用が広がるが、その都度、特殊な部材や金物を製作するのは利便性がよくならない。さらに、日本の木材流通や加工工場などの現状を踏まえると、広く国内に出回っている住宅用の中小断面の一般流通材や、中規模用に開発された普通金物を組み合わせることが重要になる。

　小径木は、断面が小さいために、集中して大きな力かかると、長時間のクリープによる変形、接合による断面欠損など、弱点が表れてくる。現代建築の空間は、開放性や軽量化から、どうしても使用する木材の断面が小さくなりがちであるが、木材特有の素材性能を把握しておかないと、公共施設では大きな問題を抱えることになる。安易に小径木を使うことは危険性がある。近年の自然災害の多さを考えると、部材や架構システムに余禄を持たせるなどの工夫を考えながら、小径木の魅力を引き出す木架構が求められている。

　そのためには、JAS材などの生産を増やし、部材性能の情報を公開し、中規模木造建築に適した汎用性のある接合方法と金物を開発して、一般流通材を活用した木架構システムを開発する必要がある。優秀な日本の木架構を得意とする企業に、こうした分野に挑戦をしてもらいたいと考えている。

「大長院 庫裡」の木組詳細

キヅカイのケンチク

09　束の建築

7 09A 湯っ歩の里
Yuppo no Sato

　日本有数の老舗の温泉保養地である塩原温泉は、栃木県北部に位置した那須塩原市の山間部に位置している。日本で最大級の規模を誇る回遊式足湯温泉公園を整備した。公園は、温泉街の中心地の箒川に向かって壇上に傾斜した敷地に、足湯施設を中心に、花木を中心とした庭園で四季と温浴が楽しめる観光交流施設である。足湯施設は、豊かな森林を象徴する新たな木組みの木造建築である。

　この施設は、「歩廊」「歌仙堂」「足湯回廊」の3棟で構成され、屋根形状と空間特性に合わせた木架構を提案している。

　「歩廊」は、駐車場に面した長さ60mの円弧状の回廊空間で、木材と鉄骨による複合構造の片流れ屋根で、回廊内には塩原温泉の源泉約150箇所の温泉とその魅力を「温泉絵馬」で紹介している。

　「歌仙堂」は、来場者を受け入れるエントランスとホールを上階、管理運営施設と休憩展望兼舞台を下階に置き、吹き抜けで一体化している。構造材はラチス材を70×150〜200mmの小径集成材で構成している。

　「足湯回廊」は「鏡池」を囲む楕円の回廊空間とし、外側は通路で内側に足湯槽を設け、様々な指圧効果の床で仕上げを施し、歩行浴と座席浴を行い、中央にはベンチを配置して休憩スペースとし、内外の木製サッシを開放することによって外部空間と一体化している。温泉の熱気は屋根の形状によって自然換気され、冬場でも快適な環境を確保している。

　この建築では、森林を象徴した上昇感のある木組みの架構をデザインし組み入れた。外壁は、木組みを見通せるガラスのカーテンウオールで囲い、空間の透明性と開放性を確保した。トップライト光は、木組みに降り注ぎ、人々をやさしく包み込んでくれる。3つの棟からなる変化に富んだ屋根並みには、冬季の雪対策、温泉による防食を施し、軽快で落ち着いた屋根の表情をつくり、チタン合金素材で仕上げ、周囲の環境に溶け込むスケールとし、塩原温泉の原点である自然と建築が融合する風景の創造を目指した。

足湯温泉公園全景（俯瞰）

作　品　名：湯っ歩の里
建　物　名：塩原温泉「湯っ歩の里」
竣　　　工：2006.06
所　在　地：栃木県那須塩原市
用　　　途：足湯施設・管理事務所・休憩所・公衆便所
構　　　造：垂直多重レイヤー構造
主要木材：ベイマツ集成材
構造設計：中田捷夫／中田捷夫研究室

受　　　賞：グッドデザイン賞
　　　　　　日本建築家協会優秀建築選

※ 詳細なデータは巻末の作品リスト参照

キヅカイのケンチク

09 束の建築

エントランス棟のラチストラスの重層する木架構（内観）

夕暮れに鏡池から「エントランス棟」を望む（外観）

「足湯回廊」に囲まれた「鏡池」に映り込む青空と雲（外観）

キヅカイのケンチク

「鏡池」と間欠泉から「エントランス棟」を眺める（外観）

「鏡池」を眺めながら足湯に浸かれる「足湯回廊」（内観）

09B 大長院 庫裡
Daicho-in temple "Kuri"

　神奈川県小田原市は、旧東海道の宿場町と城下町の二つの顔を持ったまちとして発展してきた。市域には、中心市街地を全て取り込むほどの城郭の外堀が取り囲んでいる。小田原の街道沿いには、それぞれ寺町が配置され、お城の防御の拠点として計画されていたので、多くの寺院が立地している。その中でもこの寺院は、中心市街地の北東部に位置している。

　この建築は、曹洞宗の寺院に増築された庫裡である。本堂と連なるために、本堂をサポートする機能を備える必要があった。管理上、本堂に直接アクセスしなくても庫裏を介して繋がるように計画した。本堂の大屋根とは、規模が異なるものの、屋根の連続性は重要であると考え、反りのある越屋根を採用している。

　庫裡は、法要・儀式・行事と本道の控え室などにも利用され、多様に使い分けるため、3つの部屋に分割できるように稼働間仕切り壁を儲けた。各部屋は、庭に向かって開き、障子を介して柔らかな外光が引き込まれ、さらに越屋根からも木架構に光を当てて立体感を増している。室内からは、広縁を介して庭に繋がるように計画した。

　平面計画は、本堂に直角に配置して、本堂のアプーチに接するところに、正面の玄関を設け、脇には事務所、ロビーとなる広縁、奥にはトイレ、2階には事務所上に住職の書斎を設け、トイレの上には倉庫を設けている。広間から本堂へは段差があるので、階段とスロープを設け、スロープの空間は、寺の情報発信をする展示空間としている。

　この屋根架構は、小径木の90㎜角のスギ材の集成材を相互に組み合わせて、階段状に組み上げ、連続した立体架構を構成している。間仕切り壁部分に設けた水平梁は、立体架構が開かない役割も担っている。

　越（こし）屋根に設けられたハイサイドライトからは外光が取り込まれ、日々の外部環境の変化を室内に取り込むとともに、小径木による立体架構に陰影を与え，奥行感と上昇性を演出し、神聖な木質空間が実現している。

左側に本堂があり、隣接する庫裡（全景）

作品名：大長院 庫裡
建物名：大長院 庫裡
竣　工：2007.01
所在地：神奈川県小田原市
用　途：寺院
構　造：段状立体木組構造
主要木材：スギ集成材
構造設計：中野稔久／中野建築構造設計

※ 詳細なデータは巻末の作品リスト参照

キヅカイのケンチク

小径木の立体架構に覆われ、3分割できる庫裡の広間（内観）

木組見上げ（内観）

障子から自然光が滲み出る広間（内観）

広縁の室内（内観）

7　09C　とれたて産直館
Toretate Sanchoku Kan

　この施設は、千葉県北西部の大規模開発地千葉ニュータウン内に位置している。既存の直売場が手狭になったので、木造建築で新築された。当初は、鉄骨造で計画されていたが、農協の理事長はじめ役員一同に、木造建築の良さや経済的なメリットを提案して実現したものである。

　農産物直売施設は、オープンなものが多いが、この産直館は、直射日光による農産物の劣化防止と空調負荷低減のため、北面以外の3面はスリット状で、最小限の開口部を上下に配している。外壁は、木造耐力壁をバランスよく配置して、ファサードの特徴とした。北面は、最低限の耐力壁以外は開口部とすることで、安定した自然光を室内に導入している。

　施設は木造2階建てとし、1階に直売スペース、加工場、倉庫、事務室を配置。2階に調理教室や会議室を配置した。直売スペースは2層の天井高を持っていて、2階の調理室からも下の階を見ることができる。室内は、3.6mピッチに架かる15mスパンの木製張弦梁と大きく跳ね出した庇を支えるスギ材の連子格子で構成し、施設にふさわしい爽やかな木質空間を実現している。

　外観は、室内格子で支えた庇空間と耐力壁と開口部をリズミカルに配置し、軽快なファサードを実現している。この木質空間は、木質構造家稲山正弘氏（1958-）と試みたものである。

　本事業は、限られた事業費であったので、木質空間を実現するために、構造部材の柱梁などは、なるべく6m以内の中断面流通材を選定し、住宅用の生産システムのプレカット加工によって、汎用性の高い経済的な構造システムを実現した。

　小屋組みは、スパン15mで、3m以下の住宅用の中断面木材を交互に3本咬み合わせて下側湾曲張弦梁を形成しており、直線の梁材を交互に咬み合わせる仕口は、在来木造の「追掛け継ぎ」の技法を応用した形状とした。そのことによって下側湾曲張弦梁の上下弦材の圧縮・引張軸力を効率よく伝達できる。本施設の様な中規模無柱空間では、今後も汎用性の高い空間構造として期待できる。

駐車場からの全景

作　品　名：とれたて産直館
建　物　名：JA西印旛農産物直売所「とれたて産直館」
竣　　　工：2010.03
所　在　地：千葉県印西市
用　　　途：店舗・研修所・事務所
構　　　造：下側湾曲張弦梁構造
主　要　木　材：欧州アカマツ集成材・ベイマツ製材
構　造　設　計：稲山正弘／ホルツストラ

※ 詳細なデータは巻末の作品リスト参照

直売スペースを 2 階の調理室から望む（内観）

7 09D　まほろばステージ
Mahoroba Stage

　奈良の建築の歴史は、大陸文化の学びに始まり、森を守り、木を育て、木の匠を継承し、遷都の際には解体と移築を繰り返すなど、森林資源と人を守り、持続可能な社会の知恵を創出してきた。

　今でも奈良市内には、古建築をはじめ、江戸時代の町並みの「奈良町」が残され、火災を出さないまちづくりの仕組みによって、「木造都市」を維持し続けている。現代における木造建築への木材利用については、木材の質・量を把握し、適材適所に使い分けることが重要であり、永く継承されてきた文化をさらに持続させることにもつながる。

　奈良県奈良市の「平城京」は、2010年に遷都1300年を迎え、全県を挙げて展開する記念イベント「平城遷都1300年祭」が開催された。主会場の「平城宮跡」の会場計画では、会場整備プロデューサーとして関わらせていただく機会を得られたため、豊富な県産材を活用した空間の創出をめざし、奈良の木材の魅力と技術を世界に発信できる木造建築を提案した。

　イベントの中心となり、多くの人々が集い、交流の場となるであろう「まほろばステージ」は、県産材のスギ集成材を用いて、伝統的な「木組みの技」をできるだけ意匠に活かすよう設計した。この設計に当たっては、木造建築の構造解析経験が豊富な構造家である中田捷夫（なかだかつお）氏（1940-）の参画を得て、実物大実験を行いながら開発を進めた。接合部の強度、剛性等を確認しながら、構造評定による許認可を受けて新しい架構システムが誕生した。

　架構が大スパンであるため、太くなりがちな柱・梁をスギ集成材（120mm角）の小径木を重層させて、部材間に空隙のある透かし束ねた架構体とすることによって、軽快な架構が実現でき、天平文化を想起させるような、現代的な木質空間とすることができた。この主要構造は「透かし束ね構造」と名づけた。複数のスギ集成材を三方向から綴り、節点で切断されることなく立体的に交差させて一体化することによって、剛性の高い接合が可能となっている。

　小径木を使った建築は、綺麗な木質空間を実現できるが、木材の材質や品質管理が重要になる。この構造システムは、製材でも可能であるが、長期変形などの性能を確認して計画することが重要になる。

まほろばホール全景

作 品 名：まほろばステージ
建 物 名：平城遷都1300年記念事業
　　　　　「まほろばステージ」
竣　　工：2010.03
所 在 地：奈良県奈良市（撤去済）
用　　途：観覧場
構　　造：透かし束ね構造
主要木材：スギ集成材
構造設計：中田捷夫／中田捷夫研究室

※ 詳細なデータは巻末の作品リスト参照

ホール内部（内観）

屋根架構見上げ（内観）

ホール夜景（内観）

キヅカイのケンチク

木架構詳細見上げ（外観）

ホール夜景：木架構が浮かび上がるようにライトアップ（外観）

09 束の建築

7 09E　ベイビレッジ油壺
Bayvillage Aburatsubo

　神奈川県三浦市は、三浦半島の南側に位置している。この建築は、別荘地「ベイビレッジ油壺」の販売センターとして計画された。この別荘地は、首都圏から快速で約1時間の距離にあり、京浜急行「三崎口」から車で10分の 諸磯湾の静かな入瀬を臨む北斜面の小高い丘に位置している。天気の良い日には、湾正面に富士山が望める絶景の景観が広がっている場所である。

　この建築は、当初、販売センターとして使用されるが、販売終了後には、この別荘地のコミュニティ施設として利用することが決まっていた。開発費を抑えるためにローコストの木造建築で計画された。方丈屋根と切妻屋根を組み合わせ構成である。湾への眺望を確保するため、敷地に対して建物を45度振って配置、脇に駐車橋を確保して、主たるアプローチから、切妻屋根を経由して方丈屋根空間へとアクセスする動線で計画されている。切妻屋根の空間には玄関と事務所を設け、方丈屋根は一つの空間であるため、多目的に利用できる交流スペースとし、屋外には3方向にテラスを回している。

　方丈屋根の構造は、柱をダブルにすることによって、横架材である2つの桁梁と水平梁を挟み、上部の欄間にポリカーボネード板を入れて面剛性を確保し、さらにコーナーの柱をなくしており、同時に架構全体の剛性も確保している。

　方丈屋根の架構は、扇垂木形式の登り梁構造である。この形式は、中国から持ち込まれたもので、日本では、隅木の入る平行垂木形式へと変化している。しかし、垂木の長さが異なり、軒先の垂木小口が揃わないなどの理由から、平行垂木形式に移行していった。構造的には、単純な扇垂木形式の方が、剛性を確保できる。

　方丈屋根の上部に設けられたトップライトの光によって、登り梁が照らし出され、上昇感を保って空間を覆っている。そして、外部への開放性が確保して、木造建築でありながら軽快な木質空間を実現している。

方丈屋根とバルコニーで構成されたファサード（全景）

作 品 名：ベイビレッジ油壺
建 物 名：油壺邸宅地販売センター
　　　　　「ベイビレッジ油壺」
竣　　工：2009.12
所 在 地：神奈川県三浦市三崎町
用　　途：事務所・展示室
構　　造：ラーメン構造
主要木材：欧州アカマツ集成材・ベイマツ集成材
構造設計：山口和弘／木質構造デザイン工房

※ 詳細なデータは巻末の作品リスト参照

方丈屋根の登梁架構頂部のトップライトからの光で室内が浮かび上がる（内観）

7 09F　茅ヶ崎 フットサルクラブハウス
Fulsal Clubhouse Chigasaki

　湘南ベルマーレ茅ヶ崎フットサルクラブハウスは、茅ヶ崎市東北部の市街化調整区域の里山地域に位置している。敷地周辺には、古い集落が残る田園風景が拡がっている。既に、フットサル場が整備されおり、今後のスポーツ振興と交流を目的としてクラブハウスが計画された。

　この施設は当初、軽量鉄骨造の仮設建築で計画され、既に実施設計が終了して着工が迫っていた。しかし、急遽、木造建築で整備できないかとの依頼によって取り組むことになった。そのため、安価で短かい工期で建設できる工法が求められた。

　これまでの、仮設木造建築でのパネル工法の経験から、企画から施工までを一貫した建築システムで供給できる汎用性の高い工法を検討した。その結果、比較的安定した技術でできる軸組工法とパネル工法を採用し、規格部材と既存金物を組み合わせて開発を進めた。この建築システムは、商業施設や事務所ビルなどの中規模木造建築に適している。

　このクラブハウスは、2階建てとして計画した。中央にエントランスと階段室を設け、1階には運営施設と男子更衣室、2階には女子更衣室とフットサルコートを見学できる大きな開口部を設けたホール空間（会議室）を配置している。開口部は、既製寸法のアルミサッシとFIXガラスを採用している。

　この建築の構造は、5,400mmのスパンに集成材を900mmピッチに架け、金物接合させた連続柱梁構造の架構に、間伐材の杉材（90mm）を格子状に並べた合版の床とともに水平構面を形成している。壁は、枠組みに合板を貼ったパネル板として横力を強化している。外壁にはスギ小幅板、内壁にはヒノキ合板を貼って仕上げている。

　この建築は、近年の公共施設の木造化に対して、国土交通省に低コストモデルとして取り上げられている。木造建築の素晴らしさを多くの方々に体験してもらうことによって、普及拡大に寄与できればと考えている。

2層の杉羽目板張りのファサード（全景）

作 品 名：茅ヶ崎 フットサルクラブハウス
建 物 名：湘南ベルマーレ 茅ヶ崎フットサル
　　　　　クラブハウス
竣　　工：2012.12
所 在 地：神奈川県茅ケ崎市
用　　途：事務所
構　　造：在来軸組＋パネル構造
主要木材：欧州アカマツ集成材
構造設計：計画・環境建築

※ 詳細なデータは巻末の作品リスト参照

階段室から多目的ホールを望む（内観）

2階：多目的ホール室内（内観）

7 10　住の建築

　日本は、気候・風土が良いことから、豊富な森林資源を得られる。したがって、古来より木造建築が多く建設され、長い歴史と文化がある。日本の木造建築は、大陸からの仏教伝来とともに木造技術が伝わり、変遷を繰り返して、独自の洗練した木造技術に育て上げてきた。古建築には、その歴史が色濃く残されている。寺社仏閣などの大型の木造建築はもちろんのこと、住まいも木造建築でつくられ、伝統木造技術として現代まで伝えられている。

　日本の住宅は、里山によって育まれた、雑木によってつくられた掘っ立て柱に代表される民家と、都市住居として形成された、室町・鎌倉時代に成立した書院造の流れがあり、和風木造住宅に位置づけられている。また、明治期には、欧米から輸入された洋風木造住宅が加わり、2つの建築様式が、現代まで多様に展開している。

　そこに、1987年米国から枠組壁構法の2×4工法が本格的に導入され、瞬く間に住宅産業に呑み込まれ、在来軸組構法を駆逐する勢いで展開した。この工法の特徴は、部材の合理化から施工技術の簡素化まで、徹底的に単純化された工業化技術によってつくられるので、品質管理が容易で、商品化住宅を安定的に市場に供給する上で大きな役割を果たしている。その結果、現代では、住宅メーカーの主流の工法になっている。

　一方、住まいには、「数寄屋造り」といわれる建築様式があり、暮らし方を反映した空間づくりされてきた。その代表が茶室建築で、過去の建築様式が繰り返されることによって、一つの建築様式として確立したので、その固定されたイメージがあまりにも強く残り、「数寄屋造り」＝茶室建築と認識されて、形式的な建築様式になっている。

　「数寄屋造り」の本来の意味は、その時代に最も手に入りやすい木材と技術を使って住まいを作ることを意味しており、時代によって変化しても良いと考えている。従って、「現代数寄屋造り」を考えるならば、豊富に育っている木材を太く使い、さらにプレカット工法を使って建てる方法になるだろう。

　日本は、これまで経済発展を背景に、膨大な化石燃料を使って安価な木材を世界から集め、自国の木材を山に残して、住宅を建設してきた。本来、住宅に利用する木材は、国内で確保してきたことを考えると、地球環境の視点から地域循環が有効である。流通システムが高度に整備されている現代では、世界から容易に木材を集められるが、この章では、地方材の状況に合わせて、デザインされた住宅の事例を紹介する。

「流星庵」の玄関アプローチ

キヅカイのケンチク

7 10A　杉の町屋
Sugi no Machiya

　神奈川県西部に位置する湯河原町は、温泉観光地として発展してきた。この住宅は、温泉街のメインストリートに位置し、街並みを形成する現代町屋である。敷地は、箱根に抜ける県道75号に面し、東側に、分譲マンション（7層）、南側に水路と賃貸マンション（5層）、西側に、賃貸アパート（2層）と住宅（2層）が隣接して取り囲まれている。

　したがって、南側の水路に沿って庭を設けることによって、隣接の建築の圧迫感をやわらげている。母屋は、2世帯住宅（2層）である。平面計画では、6間の正方形の平面を、2間で9分割したグリットを基本としている。それに東側に大きく張り出したテラスを設け、1階を駐車場、上部にテラスを設けている。ファサードは、「町並み壁面」を設定して、瓦葺の乗り越し屋根を架け、1階に銅板葺きの庇を設けるなど、町並みを形成する現代町屋をデザインしている。

　住宅は、1,2階ともに居間を中心に、四隅に個室を置き、2面開口を設けて、採光と通風を確保している。廊下を極力なくして各部屋を繋ぎ、回遊動線で構成している。2階は、「乗り越し屋根」の断面を、そのまま内部化している。屋根のハイサイドライトから夏冬の日射角度を計算して採光を取り込み、南北に開放して通風を確保、明るく快適な室内環境を得るように計画している。

　構造は、在来軸組構法に金物接合を導入している。当初、ベイマツで計画したが、岐阜産のスギ集成材を紹介され、主要構部材に使うことになった。2層の耐力壁には、通し柱の際に横架材を貫通するタイダウン金物を基礎まで通して固定し、軸組みの浮き上がりによる緩みを無くし、剛性を高めた。さらに2階床は、ベイマツのデッキ材（35mm）を2階梁（120×240 mm＠910）、屋根面は、登り梁のスギ集成材（90×240mm ＠910）にベイスギのデッキ材（35mm）を直接貼り、それぞれ水平剛面を確保した。剛性の高い木架構を空間内に表現した開放的な室内空間が実現できた。

道路からの全景

作品名：杉の町屋
建物名：杉の町屋
竣　工：1997.06
所在地：神奈川県湯河原町
用　途：専用住宅
構　造：登り梁＋ラーメン構造
主要木材：スギ集成材
構造設計：中田捷夫／中田捷夫研究室

※ 詳細なデータは巻末の作品リスト参照

リビングからロフトとハイサイドライトを望む(内観)

スギの無垢の柱が4間の棟梁や水平梁を交差させて支えている（内観）

キッチンからリビング越しにバルコニーを望む（内観）

7 | 10B 兎芳庵 -うほうあん-
UHO-AN

　木造住宅では、使用する木材を先行調達することによって、木架構の収まりやコストを把握した上でデザインすることができる。ここでは、私がよく訪れていた鳥取県智頭町の森林地域に、施主と一緒に視察し、原木市場や木材店など回って材料調達を行った。木材店に眠っている様々な銘木に出会い、設計の発想は、無限に広がり、施主と利用イメージが共有できたのは、お互いに有意義であった。

　通常は、流通製材から選定するのが一般的なので、自ずと空間表現が平準化してしまう。しかし、こうした個性ある木材との出会うことによって、新たな発想を得て、予想以上に豊かな木の空間を創出できる。

　この別荘は、神奈川県西部の真鶴半島の西海岸に位置し、箱根外輪山から伊豆半島の先端まで眺望が広がる場所に立地している。敷地は、南に急傾斜で、大きな段差があったが、眺望が素晴らしく、その風景を取り込むことが課題となった。

　建築は、道路を基準階に３層で構成し、地下は、海に開いたウッドデッキ空間と倉庫を設け、１階は、「むくり」のある急勾配の方丈屋根に覆われた居間と３方向に開放した回廊を配置し、２階には、吹き抜けに面して書斎コーナーを設けた。切妻屋根の部分には、１階に８畳の和室と浴室、２階に主寝室と８畳の和室を配している。２つの屋根空間が繋がることで、全体が一つの空間になるように計画している。

　すべての木材が無垢材を使っているので、木材の組み合わせ、納まりを細部まで大工と詰め、銘木の素材の魅力を引き出したデザインが可能となった。良く乾燥された銘木を使えたので、施工後の狂も少なく、心地よい収まりによって空間の質を確保してくれた。

　構造は、地震対策で杭を打ち、地下から１階床までを鉄筋コンクリート造とし、その上に２層の木造建築を載せている。主たる空間は方丈屋根と切妻屋根を組み合わせて構成。主要な柱の構造材には、鳥取県産材のスギ材、接合部にはBVD金物を使い、剛性の高い開放性のある木架構によって開放的な室内空間を実現している。

道路からの全景

作品名：兎芳庵
建物名：兎芳庵
竣　工：2001.01
所在地：神奈川県真鶴町
用　途：専用住宅
構　造：在来木造＋RC造
主要木材：スギ製材・ベイマツ材
構造設計：中野久夫／MUSA研究所

※詳細なデータは巻末の作品リスト参照

キヅカイのケンチク

リビングからテラスを望む（内観）

10 住の建築

リビングの方丈屋根をスギ丸太の大黒柱で支える（内観）

リビングの欄間窓と下見板張スギ材天井（内観）

バルコニーはスギのウッドデッキと木製手摺とした（内観）

2階和室の床の間は、サクラ銘木板と変木の床柱で構成し、掛け軸窓を設けた（内観）

7 10C 真樹庵 -まんじゅあん-
MANJYU-AN

　都会に生まれ、暮らしていた施主の若い夫婦は、結婚を機に、海の見える環境の良いところで暮らしたいとのことから、何度も訪れて、この場所を気に入り、購入した。しかし、土地と建物を同時に取得するため、予算は厳しく、ローコストで計画することになった。

　敷地は、神奈川県西部に位置する漁港の町の真鶴町にあり、真鶴半島の西側に面した雛壇状に造成された、閑静な別荘地に位置している。海岸が近く、2階の高さからは海が望める、充分な日照と海からの風を受ける絶好の立地環境であった。

　今回、地域材で住宅を建設する湘南地区の工務店と出会い、いつも使っている和歌山県産スギ材を選んで計画した。紀州材は、他産地と比べても材質が優れていて、年輪が細かく、重かった。在来構法の木架構を採用して、産地で木材の調達からプレカット加工まで行い、工務店の大工が現場で組み立てる連携によって施工した。

　敷地に対して建物を少し振って配置することで、四方に外部空間を確保し、前面道路の坂からアプローチと駐車場を設けた。

　平面計画は、4間半の正方形を9分割で構成、それに方丈屋根を載せ、一部に、海を望む展望台を設けた。階高は、1,5層に納め、小屋裏にロフト空間を設けた。家の中心となる居間を南西に置き、2面のコーナーの開口によって庭に開放し、残ったL型の平面に、玄関、主寝室の和室と収納、キッチン、水回りを並べて配置、2階は、小屋裏空間に多目的室を設け、居間の吹き抜けと一体の広がりがある室内空間を実現している。

　木構造は、簡素化してプレカット加工を導入、仕口を金物で補強した剛性の高い軸組としている。方丈屋根は、登り梁に垂木を架けた屋根架構としている。柱、梁、化粧垂木などの主要な構造部分に紀州産のスギ材を使い、2階床は、無垢のスギ材（30mm）を貼って水平剛面として耐風、耐震性能を高めている。構造と仕上げを兼用して空間を表現できるのが木の魅力である。

道路からの全景

作品名：真樹庵
建物名：真樹庵
竣　工：2002.06
所在地：神奈川県真鶴町
用　途：専用住宅
構　造：在来木造
主要木材：スギ製材
構造設計：計画・環境建築

※ 詳細なデータは巻末の作品リスト参照

方丈屋根架構見上げ（内観）

リビングからデッキを見下ろす（内観）

リビング上部からキッチンを見下ろす（内観）

7 10D　O邸別荘
O-Villa

　施主は東京に自宅、その他に2つの別荘をこれまで建設してきた。高齢になって、それまでの別荘を整理して、新幹線で通える長野県軽井沢町の別荘地内に、新たな別荘を計画した。

　敷地は、雑木林の中に開発された別荘地の一角で、周囲は、既に建物が建てられ、西側以外を街区道路に面し、南側は、大きく開放が可能で、北側には、遠方に雑木林越しに軽井沢の山並みの眺望が展開していた。

　当初、木造建築で全て計画したが、南北に空間を開放するため、大きな開口部が必要となった。そこで、構造家中田捷夫（なかたかつお）氏 (1940-) より鉄筋コンクリート造の耐力壁を4箇所バランスよく配置するすることで、複合構造の木架構が可能になる提案をいただき、向かい合うコの字型の木架構をずらして構成する空間構造が一気に進展した。通常は、接合部がピン接合のために耐力壁が必要になり、さらに自由に大きな開口部を設けることができない。鉄筋コンクリート造の耐力壁を設けることで、すべての横力を負担できるので、開放的な空間が可能になった。

　軽井沢は、景観規制が厳しく、建築形態に対して、屋根勾配と軒を設ける条件がある。今回の木架構は、南北側はクリアーできても、東西の妻側が条件に適合しない。そのため、西側には、水平に続く出窓を設け、東側は、コの字型の壁を一部折って対応した。その結果、南北の2方向に大きく開放した片流れ屋根で構成した2つのコの字型の木架構を互いに挿入することによって、上下に開放された空間となった。

　道路側には、アプローチと玄関ホールを設け、南側に開いたキッチンダイニングと和室を置き、奥の西側に主寝室、北側には、1階にガレージを兼ねた倉庫、2階にゲストルームを置き、北西にテラスに解放されたヒノキ材の浴室を儲けた。南側には、大きなテラスを設け、庭と連続させている。複合構造によって開放感のある室内空間が実現できた。

雑木林の中に建つ全景

作　品　名：O邸別荘
建　物　名：O邸別荘
竣　　　工：2007.04
所　在　地：長野県軽井沢町
用　　　途：専用住宅
構　　　造：RC耐力壁＋門型木架構複合構造
主要木材：スギ製材
構造設計：中田捷夫／中田捷夫研究室

※ 詳細なデータは巻末の作品リスト参照

2つのコの字型木架構の構成が外形そのものに表れる（外観）

リビングから南側デッキを望む（内観）

耐力壁を暖炉の反熱板としている（内観）

7 10E 流星庵 - りゅうせいあん -
RYUSEI-AN

　森林からは、多様な木材が産出されている。その中でも間伐材の小径木の利用が課題となっている。その使い途の拡大を図るために、構造家稲山正弘氏 (1958-) と一緒に、その活用を研究して実現したものである。製材のスギ材とヒノキ材で90mm角だけで主要構造部を構成した事例としては、初の試みになった。設計では、最初に、稲山研究室で、木材の特性と木架構の性能を確認する実験を繰り返し、その有効性を確認することから始まっている。

　木架構は、3つの空間構造を試みている。一つが、廊下・水回りの棟で、スギ材を用いたルーバー状の「連続門型フレーム」、二つめが、リビング・ダイニングの天井に用いた90mm角のヒノキ材を3段組みにした床梁の「重ね透かし格子梁」、三つめが、リビング・ダイニングの上下にスリット状の開口部を開けた耐力壁となる「貫仕様構造用合板張り真壁」である。

　この住宅の耐力壁は、構造用合板張りの耐力壁について定めた『建設省告示第1100号』第1の第4号に記されている告示を使い、4号建築物の壁量計算だけで、小径木による木造住宅が実現している。

　神奈川県西部にある温泉観光地の湯河原町には、東海道線の開通とともに開発された理想郷別荘地がある。敷地は、この別荘地の南斜面に階段状に造成された中央に位置し、区画を2つに分けられた南北に細長い形状で、南側に大きく段差を持って開けている。

　建築は、母屋（2層）と離れ（1層）、それを繋ぐ回廊空間（1層）の3つから構成されている。母屋は、切妻屋根の2階建て、1階に、リビング・ダイニング、2階に、南面して主寝室と和室、北側に子供室、トイレを設けている。離れに、切妻屋根の和室を設けている。それを繋ぐ回廊空間に、玄関、階段、トイレ、洗面所、浴室を片廊下に面して一列に配置している。3つの棟に囲まれた中庭を設けることで、すべての空間がつながり、一日中、360度の方向から日照が差し込む開放的な室内空間が実現している。

道路からの全景

作 品 名：流星庵
建 物 名：流星庵
竣　　工：2009.06
所 在 地：神奈川県湯河原町
用　　途：専用住宅
構　　造：ルーバー門型フレーム・貫仕様構造用合板張り真壁・
　　　　　重ね透かし格子梁構造
主要木材：ヒノキ・スギ製材
構造設計：稲山正弘／ホルツストラ
受　　賞：東京都建築士事務所協会賞 住宅部門最優秀賞
　　　　　第13回木材活用コンクール 第2部門賞
　　　　　神奈川建築コンクール 住宅部門優秀賞
　　　　　日本建築家協会優秀建築選・第7回木の建築賞 NCN木骨構造賞
　　　　　日本建築学会作品選奨・グッドデザイン賞
　　　　　　　　　　※ 詳細なデータは巻末の作品リスト参照

キヅカイのケンチク

エントランスホールからリビングを望む（内観）

キヅカイのケンチク

リビングダイニング、階段、エントランスホールを90mm角の木材で構成（内観）

7　11　多層の建築

　日本は、千数百年に及ぶ木造建築の長い歴史をもつ。しかし、震災や戦災の経験から、都市の不燃化が推進され、都市の中に木造建築がつくられない不遇時代が続いてきた。しかし、地球環境問題、持続可能な社会の構築など、現代社会が抱える課題解決に向けて、「都市木造」の時代を迎えようとしている。

　日本の森林は、私たちが1年間に使用する量を超える木材が成育しているので、豊かな木材保有国である。その木材資源は、様々な活用方法が試みられている。建築分野で最も需要量の多い「都市木造」の建設を推進することで、社会資本整備をすべきである。すでに、欧米では、木造建築の防火・耐火性能を緩め、消防設備などの設置によって「都市木造」が普及・拡大している。日本は、法律・防災・経済・技術などを見直し、現代社会に適合する「都市木造」をつくる道を開かなければならない。これまでの経験の蓄積を再評価し、最新の技術開発を加えることによって、「都市木造」の高層化技術を確率させて木材関連産業を再生し、地域社会の復権を目指すべきである。

　国内では、構造家腰原幹雄氏（1968-）を中心に「NPO法人ティンバライズ」が立ち上げられ「都市木造」の研究と実践活動が注目に値する。これまで様々な研究活動によって、木質耐火材の研究開発が進められ、準耐火・耐火木造建築が可能になった。既に、2013年には、彼らが10年に亘り取り組んできた5階建て（1階鉄筋コンクリート造+2～5階木造）の木造集合住宅「下馬の集合住宅」[p73]が日本で初めて実現した。今後、様々な研究開発が行われ、実証実験を試みることによって、中層、高層への木造建築の実現は、そう遠くないと考える。

　欧州は、「都市木造」の長い歴史・文化を備えている木造文明の国々である。建築は石造で、全て石で作られているように考えられているが、実は、外壁は石造の耐火壁で構成しているものの、床や屋根は、木造で作られる例が多いい。従って、現代の「都市木造」の技術開発が積極的に進められているので、日本より先行している。

　国内では、国土交通省が主導で「木質系複合構造システム研究会（2000-2003）」を開催するなどの取り組みが行われ、私の参加した部会では、中層木質系複合建築モデルの「Multi Composite Wood System」の試設計を行い、事務所・病院・集合住宅などの公共建築に応用できる技術開発を行った。

　木造建築の高層化は、様々な技術を複合させなければ実現できない。現在、欧米の「都市木造」で使われているクロスラミナティンバー（CLT）の研究開発も国内で開始され、生産も開始されている。その意味では、日本も新たな「都市木造」の時代を迎えていると言える。

「花の江戸東京館」の見上げ

キヅカイのケンチク

11 多層の建築

7 | 11A 花の江戸東京館
Hana no Edo Tokyo Kan

「国際花と緑の博覧会」は1990年大阪で開催された。東京都の出展するパビリオン「花の江戸東京館」では、東京の「花文化」を紹介する。建築は、2層の通過型の展示空間と中庭のような温室空間で構成し、江戸のまちを象徴する「火見櫓」「屋並」をイメージとした、木造建築で計画した。実は、「多層の建築」で、都市木造を視野に入れて開発した。しかし、このプロジェクト以後、高層化の挑戦は継続できず、近年の「木材利用法」の施行後に、やっと本格的な動きが始まっている。

建築全体を3mグリッドを基本に計画し、2層の展示空空間をスムーズに1順できるように、グリッド内に展示空間を兼ねた長いスロープを設け、最後に、実物展示の大温室を巡るように導線を計画した。大温室のテント屋根は、十分な自然光が取り入れられ、明るい花の実物展示の空間を実現している。

構造は、建設と解体をスムーズにするためプレハブリケーションを導入。木架構は、3mグリッドで、単一部材で構成、木質パネルを取り付けた立体積層構造である。主要部材は、ベイマツ集成材（150mm角）に、割り込みプレートの接合金物を挿入し、フレーム内に木質パネルを設置している。木架構の剛性を確保する鉄筋ブレースは、あえて面外に出し、独立した接合金物とブレースを意匠に表現している。一方、大温室の屋根架構は、寄せ棟屋根の形状を、束材の木を圧縮力、斜材の鋼材パイプに張力を負担させた複合立体トラス構造である。

この建築の試みは、その後の木造建築に多くの示唆を与えてくれた。この構造システムの接合金物は、一つで約45kgの重量になった。さらにグラウト材で固定したため、解体時に分解できず、部材を切断した経緯もあり、接合金物の軽量化と解体施工が容易な接合方法の開発が課題となった。その意味で、木造建築においては、接合部の設計が木構造に大きく影響することが理解できた、その後の木架構のシステム開発においては、接合部の改良に挑戦するきっかけを作ってくれたプロジェクトである。

立体格子フレームと三角ブレースで構成された外観（全景）

作 品 名：花の江戸東京館
建 物 名：国際花と緑の博覧会「花の江戸東京館」
竣　　工：1990.02
所 在 地：大阪府大阪市（撤去済）
用　　途：展示場
構　　造：立体格子構造＋複合立体トラス構造
主要木材：ベイマツ集成材
構造設計：木村俊彦／木村俊彦構造事務所
　　　　　渡辺邦夫／構造設計集団

※ 詳細なデータは巻末の作品リスト参照

温室の壁面とハイブリッドのテンション膜屋根（内観）

7 | 11B 複合(多目的)多層木質骨組構造建築
Multi Composite Wood System

　欧米は、「都市木造」の技術開発が先行、すでに数多くのプロジェクトが実現している。2016年には、カナダ、ブリテッシュコロンビア大学の学生寮「ブロック、コモンズ」が、CLTを使って18階、53mの高層の木質複合建築が実現するなど、その勢いは凄まじい。

　国内では、産官学民共同の研究開発が推進され、国土交通省国土技術総合研究所、独立行政法人建築研究所、財団法人日本建築センターの三者合同で「木質複合建築構造技術の開発」の委員会が2000年〜2002年の3年間に亘り実施された。

　2000年度は、部材・接合部、構造システム、防火の3つの分科会が設置され、基礎調査と個別の技術研究を実施。2001年は、構造と防火の分科会に整理され、私は、構造部会の複合システムWGにオブザーバーとして参加した。WGでは、2つの耐火建築の試設計を行った。私が担当したのは、「木質ハイブリッド構造」で、構造家中田捷夫氏 (1940-) と山辺豊彦氏 (1946-) の2人と組み、MCWS (Multi Composite Wood System) というモデルを開発した。もう一つが、建築家岡部憲郎氏が担当した「インフィル構造」で、耐火構造のプレキャストコンクリートのスーパーストラクチャーに、木造のユニットをインフィルするモデルである。2002年は、共同住宅の試設計WG、燃えどまり部材の製造・施工WGが置かれ、木造ハイブリッド構造の3階建て集合住宅の試設計を行い、その成果をまとめている。

　こうした研究と開発の成果で、その後、多層階の「都市木造」への可能性が拡がり、事務所・病院・集合住宅などへの途を拓いている。

　ここに紹介する試設計モデルは、高さ31m以下の耐火建築で、集合住宅やオフィスをイメージして9層とし、各階をメゾネット形式とした。平面形は中庭がある口の字型で、鉄筋コンクリート造の階段室と開放廊下で防火区画し、4区画の耐火木造を配置している。構造は、柱・梁構造で、構造フレームは合成部材（外周集成材＋心部分おがくずモルタル）で構成。床は燃え抜きを抑えるためにモルタルを打設している。

　中層規模に於いて、木材が空間や建築そのものを表現する「都市木造」を目指して提案したモデルである。

建物全景

作　品　名：複合 (多目的) 多層木質骨組構造建築
実　　　施：2003.04
所　在　地：-
用　　　途：共同住宅
構　　　造：複合 (多目的) 多層木質骨組構造
主要木材：ヒノキ・スギ製材
構造設計：中田捷夫／中田捷夫研究室
　　　　：山辺豊彦／山辺構造設計事務所

※ 詳細なデータは巻末の作品リスト参照

11 多層の建築

キヅカイのケンチク

メゾネット空間の部分模型（内観）

構造システムの模型（外観）

7 11C 山安・鎌倉店
Yamayasu Kamakura Store

　神奈川県鎌倉市は、歴史都市である。この建築は、その象徴とも言える鎌倉鶴岡八幡宮の境内に隣接し、小町通りの出口のすぐ横の角に位置している。敷地周辺は、緑が多い閑静な住宅地が広がっており、環境影響を極力抑える必要があった。立地条件から、鎌倉市景観条例の考慮が求められた。

　主要用途は、1階と2階が店舗、3階が住宅である。周囲の建物と比較して大きめのボリュームとなるため、階高を可能な限り低くし、3層分のファサードを視覚的に2層に見えるようデザインを工夫して景観に配慮した。また、木組みの格子を施してファサードに陰影をつくりデザイン調整している。外壁面の圧迫感を軽減する効果と、時間の経過と共に表情も変化する効果を狙った。

　1階は商館の顔となるように、庇空間と前広場を設け、お客を招き入れる開放的なしつらえをつくりだし、2階には小老舗の干物屋として家業を象徴した巨大な小田原提灯を吹き抜けに掲げ、全体として老舗の商館の風情をつくり出した。

　構造は、木造3階建てで、集成材の単純梁が平行に走る連続柱梁構造である。その木架構を内部空間に現すことで、自然素材の商品を優しく包み込む木質空間を演出している。梁スパンは9mで900mmピッチに連続した架構の流れをつくりだしている。入口付近とカウンターの天井は、梁のサイズを細分化するルーバー天井とした。ルーバー越しのライン照明がカウンターを柔らかく照らしている。

　この規模の建築では、通常、鉄骨造が選ばれる。今回、地中遺跡を考慮して、建築の荷重をできうる限り軽減するために、木造建築の軽くて強い特徴を活かした。この建築の着工後、基礎施工段階で、東日本大震災に遭遇し、瞬く間に資材が急騰してしまった。さらに職人不足が発生し、品不足も解消されない時期が続き、工事は難航した。

　今回の震災でも、3階建ての新木造建築が、津波に耐えて建っている姿や、古民家の太い柱梁を残してしっかりと建っている姿が拝見できたことは貴重な経験であった。公共建築の木造化が本格的に推進されたこの時期に、この規模や用途において民間施設が木造化できたことは、社会的に大きな意義がある。こうした歴史ある古都には景観的な観点からも木造建築がよく似合う。木質空間と木格子デザインで、良質で現代的な商館を提案できたと考える。

緑に囲まれた閑静な立地に建つ、小町通りからの全景

作品名：山安・鎌倉店
建物名：山安・鎌倉店
竣　工：2011.06
所在地：神奈川県鎌倉市
用　途：店舗・住戸
構　造：門型ラーメン構造
主要木材：ベイマツ集成材
構造設計：中野稔久／中野建築構造設計

受　賞：日本建築家協会優秀建築選

※詳細なデータは巻末の作品リスト参照

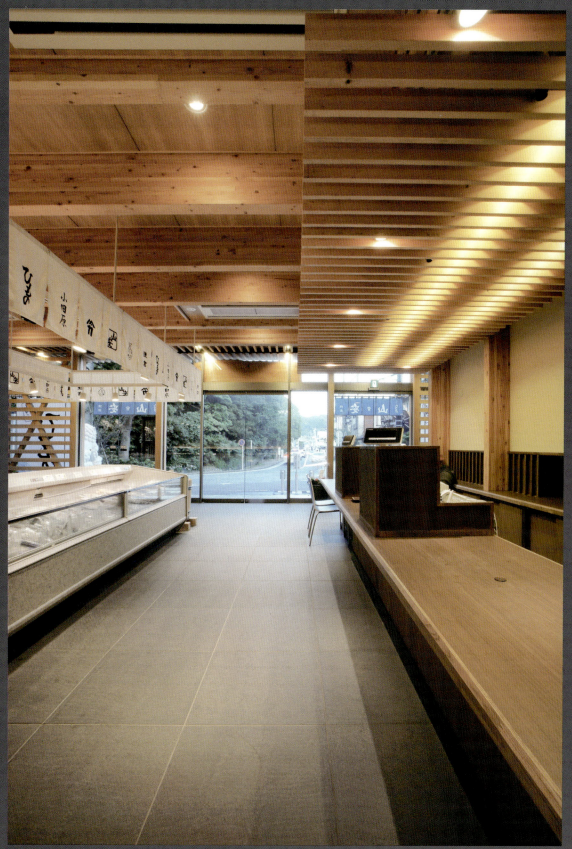

鶴岡八幡宮の杜と対面する1階店舗から、小町通りを望む(内観)

1階店舗のカウンター上部には照明演出も担うルーバー天井を施す（内観）

11 多層の建築

木組み格子のファサード見上げ（外観）

掲げた「小田原提灯」が間近に見れる2階店舗（内観）

階段室見下ろし（内観）

7-12 装の建築

　公共空間の木質化は、北欧に訪れると顕著で、空港やホテルなど、パブリックスペースが木床など内装の木質化が実現している。これは、環境意識の高さから、木材を活用する姿勢と室内環境の健康化のため、チリやダニの温床になる絨毯などの仕上げ材を排除しているからである。

　日本は、住宅が木造化されているが、公共空間の木造化・木質化は、まだ不十分で課題がある。2010年に施行された「木材利用促進法」によって、学校・オフィスといった公共空間に拡大され、居住性のよい業務空間の取り組みが増えてきている。近年の教育現場では、木材の子供たちへの影響や効果が検証され、さらに科学的なデータも揃いつつある。何れにしろ、これまでの木材に対する固定された偏見を無くし、本来の木材の性能を科学的に把握し、理解促進を図れば普及拡大が進むと考える。また、木材はメンテナンスが必要な素材で、トータルな利用を図らなければ、一過性の運動で終わり、社会に定着できない。

　日本の場合、建築に対する建築基準法や消防法が諸外国よりも厳しく、内装制限によって自由に使える場所が少ない。内装では、床や腰壁の仕上げが中心で、近年の防耐火実験の結果、天井以外の仕上げを木質化できる緩和も行われている。

　これまで公共空間は、室内環境の品質確保のために、労働環境よりも、管理・メンテナンスの面から非木材の内装材が選択されてきたために。木材が使われていても、薄く削られ紙のように不燃材の表層を覆っているだけである。あるいは、室内環境で変形しない集成材が使われてきた。内装に木材を利用するために製品開発が進められ、そうした製品の性能を情報公開することが重要になる。

　また、内装と同時に注目すべきは家具である。近年、スチール家具メーカーU社は、「ジャイアントファニチャー」をコンセプトに、建築と家具の中間領域を狙った商品開発を行い、スチールフレームに無垢の地域材を組み合わせた商品開発によって、事務所ビルのような執務空間から、学校のような教育空間、さらに病院や老人施設などの福祉医療空間までも視野に入れて導入されている。木材を産出する地域と流通の専門である民間企業の力を協動させることによって、新たな社会の価値を創出している点が、評価できる活動である。

　非木造建築では、室内の木質化はもちろんのことだが、それ以上に家具の木質化は効果が高い。そして、家庭の日常生活空間から公共空間まで、連続して木質化を図り、木材を身近に接しながら暮らすライフスタイルを実現することが重要である。

「廣告社オフィス」
廊下の木造作によるアクセントウォール

12 装の建築

キヅカイのケンチク

7 12A ゆ宿 藤田屋
Fujitaya Japanese Hotel

　神奈川県西部地域に位置する湯河原町は、古くから湯治温泉郷として発展し、木造の旅館建築が立ち並ぶ温泉街が形成された。後に鉄筋コンクリート造へと建て替えが行われ、木造建築の旅館は数少なくなっている。その中でも歴史的に古く、文化価値の高い旅館建築が残され、登録有形文化財の旅館が3軒ある。その一つが、老舗の「ゆ宿 藤田屋」である。ゆ宿 藤田屋は、1882年（明治15年）創業。その後2階建て部分が1923年（大正12年）に建てられ、1929年と1951年の改修を経て、2014年に国の登録有形文化財に登録された。

　「ゆ宿 藤田屋」の顔とも言える「望乃湯」は、創業当初から大風呂として人気が高く、文人墨客に愛されてきたが、老朽化により建て替えることになった。この大風呂は、先代が苦心してつくったもので、四国の五色石を使った深い円形の浴槽が特徴であった。先代の女将が健在で、この魅力をなくしてはいけないと同じ形状のものを再現することになった。しかし建物に囲まれた立地のため、現状は切妻屋根の木壁に囲まれた暗い空間であった。開放感のある空間を目指し、着手することとなった。

　新たな「望乃湯」の姿を模索する中で、円形浴槽に合うのは、八角堂がよいと考え、磨き丸太を主構造とする急傾斜円錐八角屋根の開放的で明るい八角堂の大浴場が完成した。上部に庭園を作るために、周囲は鉄骨造で計画。小さな坪庭を囲むように脱衣室と休憩コーナーで構成している。室内の内装には、敷地内の竹林から取れる竹材を使って、落ち着いた風情のある内装に仕上げている。

　その後、野天風呂の計画が持ち上がり、「望乃湯」の木塀の外側に新たに建設した。この野天風呂も、同様の磨き丸太を使った木架構で、軒天や天井仕上げに、竹材を使って仕上げている。

　八角堂の構造は、ヒノキの磨き丸太の柱と梁に支えられた木架構に、同じく磨き丸太で円錐型架構とした屋根を載せている。周囲は鉄骨ラーメン構造である。

　湯空間は、人の肌に直接触れる場所になるために、自然素材の選択から細部にわたる納まりが空間の質を確保する決め手となる。

アプローチからの玄関の外観

作 品 名：ゆ宿 藤田屋
建 物 名：ゆ宿 藤田屋
竣　　工：第一期 1987.07（第二期 2002）
所 在 地：神奈川県湯河原町
用　　途：旅館
構　　造：在来木造
主要木材：ヒノキ磨き丸太
構造設計：中野久夫／MUSA研究所

※ 詳細なデータは巻末の作品リスト参照

キヅカイのケンチク

12 装の建築

円形の浴槽と八角屋根の大浴場「望乃湯」(内観)

軒や天井の一部に竹材を用いた野天風呂(内観)

7 | 12B 廣告社オフィス
KOKOKUSHA Head Office

　このオフィスは、東京都中央区銀座地区に位置している再開発ビルの中にある。ワンフロアを賃貸して、本社業務を移転するために、移転計画を立案するところから、インテリア設計、移転管理までをトータルに任せられたプロジェクトである。

　広告代理店業中でも最古参である廣告社の本社移転のプロジェクトである。ここは、多くの企業と業務をしている会社であり、人とのコミュニケーションを重視する経営方針をもっていたことから、従来のクールなスチール家具による空間づくりを少しでも木質化できないかと提案したことがきっかけで、社長の同意を受けて実現させたものである。

　計画に当たり、内装で木質化できる部分を洗い出し、社外との交流の場となるパブリックゾーンを中心に、受付カウンター、サイン、家具、間仕切り、ブラインド等の木質化を提案できた。

　木材は、ベイマツLVLの断面を活かした格子のデザインを中心にまとめ、家具は、無垢の木材で柔らかな曲線を描くデザインを採用している。この家具製作には、長年家具作家として親交のあった方圓館の坂本和正氏(1938-)に依頼した。オフィスに置かれることによって、個性的な形を持ちながら、立体的な曲線が、触れる人に優しくなるようにデザインして製作していただいた。

　天井面に木材を使うことは消防法上厳しいため、床と壁に装飾として配置した。木質を感じやすくするために、格子状の木材を組み合わせたデザインとして統一感をもたせ、かつ特徴を持たせた格子柱の意匠をそのまま廊下の壁面まで連続させ、木質のアクセントウォールとしている。ここを訪れたゲストをインフォメーションまで導いている。木質の格子デザインを基調とした暖かみのあるオフィス空間が実現した。

受付カウンター（内観）

作 品 名：廣告社オフィス
計 画 名：廣告社オフィスの内装・家具の木質化
竣　　工：2004.10
所 在 地：東京都中央区
用　　途：事務所
主要木材：ベイマツLVL
家具製作：坂本和正／方圓館

キヅカイのケンチク

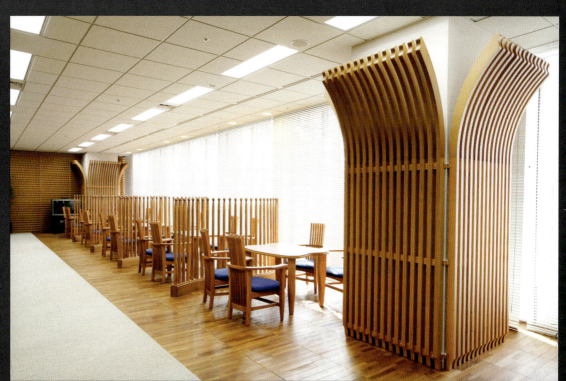

格子デザインで統一したパブリックゾーン（内観）

カウンターと待合い椅子（内観）

7 13 急の建築

　日本は、地震や台風災害など自然災害が多発する国である。災害経験を活かして、様々な対策を研究、実行してきた。残念なことに、自然災害は、何時、何処で発生してもおかしくない。従って、被災地支援を準備も重要で、応急仮設住宅のプレハブ建築がこれに対応してきた。プレハブ建築は通常、建設現場などでよく見かけ、鉄製フレームに木製パネルを立て込む工法で、設置や解体が簡単で、短期間に提供できる。当然、規格化された仕様のものが大量にストックされている。

　しかし、応急仮設住宅が建設される度に、廃棄されてしまうことが多く、再利用率は低い。仮設住宅の設置期間の長期化、地域間の環境条件の格差、再利用に耐えられない仕様、ストックコストなどの問題が顕著になってきている。

　阪神淡路大震災以降、木造建築による応急仮設建築を提唱してきた。その理由は、日本の森林資源が豊富で、比較的に直ぐに手に入れられる建築素材であるからだ。木造建築は、古来より建てられ、伝統と技術が各地に蓄積されてきている。そして、地域材の活用によって産業を再生させる機会ともなるからである。

　木造建築の応急仮設住宅の開発に向けて4つの条件を設定した。一つが、台風や震災などの災害を受けた地域に、住居・事務所・休憩所など居住用の用途に利用する。二つめが、素材は森林資源の木材や竹を使い、専門家でなくても建設が容易な工法とする。三つめが、単体でも連棟でも、複数階でも容易に建設が可能なプレハブシステムとする。四つめが、仕様書や建築マニアルを予め整備して、どこの地域でも対応できる建築システムとすることである。

　日本は、災害が多発している国で、防災意識が高い、災害が起きると緊急援助段階から応急仮設、復旧段階　復興段階へと支援内容と活動が変化し、おおむね復興までは10年と言われてきた。しかし、東日本大震災は、その規模も大きく、これまでのような期間では充分な復興は果たせない。大学では、阪神淡路大震災以降、震災に向けて準備する意味から、建築の設計課題でビーチハウスを取り上げ、地域材を活用したセルフビルドの課題を学生に出し、その中から優れたものを選び、翌年の夏休みに建設する「ビーチハウスプロジェクト」を立ち上げ、応急仮設建築の練習を行ってきた。そのプロジェクトで培ってきたノウハウを学内に蓄積してきた。

　東日本大震災が発生するとすぐに、応急仮設建築システム「どんぐりハウス」を開発して東北復興支援を行っている。大船渡市と石巻市に2棟の公民館・集会場をいち早く建設した。現在は、2つとも恒久施設として解体移築して再建されているので、復興期の施設として活用されている。

　ビーチハウスの活動は「ビーチハウスをつくろう！（東海大学出版会）」、「どんぐりハウス」の活動は「被災地と共に歩む（東海教育研究所）」、どんぐりハウスの仕様と工法のマニアル本「どんぐりハウス（東海大学出版会）」をそれぞれ出版して、活動の内容を公開している。

「ビーチハウスをつくろう！」　「どんぐりハウス」

平塚ビーチハウスプロジェクト 2009
「海の縁側」下田奈祐 案（グッドデザイン賞2010受賞）

キヅカイのケンチク

13　急の建築

7 　13A　応急仮設建築＠鳥取
Sanin・YUMEMINATO EXPO Management Facility

　私は、阪神淡路大震災当日、1997年に開催される「鳥取夢みなと博覧会（夢みなと博）」の打合わせのため境港市を訪れていた。米子空港に降りたった時から、テレビ・ラジオで地震の情報を伝えてれていた。協会事務局との会議には、被害状況がテレビで盛んに報告され、協会全体が災害対応モードに移行したので、早々に会議を切り上げ、米子空港から帰路についた。

　当時の飛行機は、YS-11のプロペラ機なので、神戸、大阪の上空を低空で飛行していたので、夜の闇の中で、赤々と炎え上がり、黒煙を出している街の風景が目に飛び込んだ。その時の悲惨な光景は、映画のワンシーンを見ているようで、現実の都市で起こっているとは、信じがたかった、今でもその惨状が記憶に残っている。

　震災復興では、応急仮設住宅の建設が求められる。しかし、被災規模が巨大になると、多量の供給が求められ、さらに街を早期に復興させるためには、建設地の確保も重要になる。復興では、第一に、被災者の生活環境の確保である。緊急時や応急時には、テントや体育館での避難生活の環境づくりが求められる。一時避難としては良いが、長期になると被災者の精神的な負担は計り知れない。一刻でも早く、仮設住宅に移行することが大切になる。

　鳥取県境港市では、地方博覧会の設計が進行していた。この震災を機に、こうした災害に対して、建築家として社会貢献を考えた。博覧会では、多量の仮設建築を必要とする。その多くは、鉄骨構造やテント構造の建築が主流である。

　鳥取県は、日本有数の林産県にも関わらず、県産材の利用が課題になっていた。当初から、博覧会施設は木造化を検討していたので、仮設建築を木造建築で設計することにした。

　その結果、大型パビリオンは、建設・解体・移設が容易な「仮設建築システム」、小規模施設は「応急仮設住宅システム」の建築モデルになるように開発した。この2つの建築モデルは、マニュアル化して建築仕様をHPで公開している。その後の自然災害で活用した事例はなかったが、徐々に、応急仮設住宅を木造で計画する機運が高まってきている。

架構システム（施工中）

架構システム詳細（施工中）

キヅカイのケンチク

13 急の建築

（外観）

（外観）

竣　　工：1997.06	構　　造：仮設応急システム	
所 在 地：鳥取県境港市（撤去済）	主要木材：スギ製材	
用　　途：事務所	構造設計：中田捷夫／中田捷夫研究室	※ 詳細なデータは巻末の作品リスト参照

243

7 13B 丹沢・足柄まごころハウス
Tanzawa・Ashigara Temporary Housing System "MAGOKORO HOUSE"

　新潟県中越地震が発生し、被災地の復興支援として、応急仮設住宅を約1ヶ月ほどで建設した。活動主体は、その時期ちょうど立ち上げていた「神奈川県西部地区林業・木材関係事業再生フォーラム」のメンバーが中心となってボランティアを募集しながら実施した。

　阪神淡路大震災後の1997年に開催された「鳥取夢みなと博覧会」の時に開発した、応急仮設住宅モデルを、県西部の木材と竹を利用して「丹沢・足柄まごころハウス」として実現させたものである。

　震災翌日から活動をはじめ、事務所から図面を取り寄せて、早朝からメンバーの皆さんに説明を行い、すぐに役割分担を決めた。それぞれ建設資金の調達、現地建設の交渉、材料の手配、設計図の作成、に分かれた。私は、これまでの経験を活かして、全体の進行を担当し、研究室の有志の学生と私の事務所が設計を担当した。1日でスケッチができ、正式な図面を作成する手順で進行した。

　応急仮設住宅は、本格的な仮設住宅の建設が始まる前の応急的に建設するので、緊急性が求められるのは、資金調達、材料調達、現地交渉、輸送体制作りであった。最も苦労したのは、意外にも接合金物製造であった。

　この応急建築のシステムは、材料に木材と竹を使うこと、素人でも建設可能システムであること、そして、概ね、現地での建設が3時間から5時間で完成できること、また、構造としては2mの積雪に耐えうる強度を持つこと、さらに、建設・解体・撤去が容易なシステムであることを目標とし、ボランテアで4.5畳の応急仮設建築8棟を建設した。

　そして、1年が経過して解体したモデルは、小田原防災訓練に、応急住宅建設の活動展示を行った。おおむね4トントラック1台にワンユニットが搭載でき、建設時間は2時間程度であった。こうした活動を通じて、木造建築による応急仮設建築への理解・普及・拡大を図っている。

小田原の防災訓練の際に展示し、店舗として運用した（外観）

作 品 名：丹沢・足柄まごころハウス
竣　　工：2004.11
所 在 地：新潟県小千谷市（撤去済）
用　　途：仮設住宅
構　　造：仮設応急システム
主要木材：スギ製材
構造設計：中田捷夫／中田捷夫研究室

※ 詳細なデータは巻末の作品リスト参照

キヅカイのケンチク

13 急の建築

小千谷市に8棟建てたうちの1棟（外観）

組立（建設）中の様子：比較的少人数での作業を実現

7 13C 平塚ビーチハウスプロジェクト
Hiratsuka Beach House Project

　東海大学工学部建築学科の授業では、阪神淡路大震災を契機に応急仮設建築の研究を始め、大学の設計の授業で取り上げ、平時における木造の仮設住宅のシステム開発を行ってきた。その中で、1年生の最終設計課題にビーチハウスを取り上げ、セルフビルドで実現できる木造建築の建築システムの提案を実施してきた。2007年から2010年まで4年に亘り毎年、平塚海岸で実施し、その成果を蓄積してきた。2011年の東日本大震災の年には5棟目の活動を急遽変更し、それまでの経験を活かして応急仮設建築「どんぐりハウス」を開発して、復興支援活動の取り組みに引き継がれた。

　「ビーチハウスプロジェクト」は、大学の地域貢献活動を支援している「東海大学チャレンジセンター」が実施主体である。毎年、前年度の授業で学生たちが提案した作品の中から、学生と教員によって選考した1案を実施するもので、活動は7月から9月までの3ヶ月間に亘り、学生が企画、設計、建設、運営、解体のすべての活動を実施する。8月の1ヶ月間は、ワークショップなどを中心としたイベントを開催し、ビーチハウスを拠点とした「地域活性化」を目的とした活動である。

　このプロジェクトは、国産材を使った応急仮設建築システムを視野に入れて、そのノウハウの蓄積と活動の継続性を目指した。この活動内容を「ビーチハウスをつくろう！」にまとめ東海大学出版会から出版している。

2009年「海の縁側」下田奈祐 案

竣　　工：2009.07	構造設計：山口和弘／	受　　賞：グッドデザイン賞（まちづくり賞）
用　　途：あづまや	木質構造デザイン工房	AIA アメリカ建築会日本支部学生賞
構　　造：在来木造	野村圭介／	木の建築賞
主要木材：スギ製材	東海大学諸岡研究室	東海大学松前重義賞

2007年
「はがされた砂浜」高橋広平 案

竣　　工：2007.07
用　　途：あづまや
構　　造：在来木造
主要木材：スギ製材
構造設計：諸岡繁洋／
　　　　　東海大学諸岡研究室

2008年
「海へ続く階段」浅見雅士 案

竣　　工：2008.07
用　　途：あづまや
構　　造：在来木造
主要木材：スギ製材・ヒノキ合板
構造設計：諸岡繁洋／
　　　　　東海大学諸岡研究室

2010年
「サンゴドーム」山仲龍馬 案

竣　　工：2010.07
用　　途：工作物
構　　造：シザーズトラス構造
主要木材：スギ製材
構造設計：山口和弘／
　　　　　木質構造デザイン工房
　　　　　野村圭介／
　　　　　東海大学諸岡研究室

※ すべて撤去済　※詳細なデータは巻末の作品リスト参照

7 13D どんぐりハウス
Donguri House

　このプロジェクトは、東海大学チャレンジセンターの特別プロジェクト「3.11生活復興支援プロジェクト」を立ち上げることによって開始された。その時に開発したセルフビルドの応急仮設建築が「どんぐりハウス」である。

　日本は、応急仮設建築が鉄製のプレハブ建築で供給されるのが当たり前のように行われてきたが、森林国としては、木材資源を活用した木造建築で対応すべきだと考える。東日本大震災の被災地の生活復興を支援するために「3.11生活復興支援プロジェクト」では、応急仮設建築「どんぐりハウス」をハード担当の「応急住宅チーム」が震災後すぐに開発に着手して実現させた。

　この建築は、「ウッドブロック構法」と名づけた施工システムを備え、材料には国内産の間伐材（スギあるいはヒノキ）の90mm角と45x90mm角で長さ3mの小径木と特殊ビスを使ってウッドブロックユニットを予め作成し、現場で積み上げて建設する構法を採用している。震災後、直ぐに木を伐採し、ユニットを供給すれば、誰でも、何時でも、何処でも簡単に建設でき、さらに、何度でも移築・再建が可能であり、本格的な復興住宅にも応用できる。環境自立型の設備を装備した資源循環型のエコハウスとし、おがくずを使ったバイオトイレ、雨水の利用、太陽光発電と蓄電池を組み合わせた電源システムなどを採用している。

　この建築を使って被災地に仮設住宅の提案を行ったが、実現する機会は得られなかった。しかし、公民館が流失した情報が届き、大船渡市三陸町起喜来泊地区と石巻市北上町十三浜相川・小指地区の２か所に建設することができた。

　東北のコミュニティでは、公民館を中心に住民が結びつき、協働して暮らしの環境を維持してきている。従って、生活復興のためには、住宅再建と共に公民館の再生が急務であり、将来の復興まちづくりを話し合う重要な拠点として、住民自らが暮らしを再生して行く原動力になると考える。

竣　　工：2011.05
所 在 地：岩手県大船渡市・宮城県石巻市（撤去済）
用　　途：休憩所
構　　造：ウッドブロック構造
主要木材：ヒノキ製材
構造設計：東海大学工学諸岡研究室（野村圭介）

　　※ 詳細なデータは巻末の作品リスト参照

大船渡市の公民館（外観）

石巻市の集会場（外観）

キヅカイのケンチク

13 急の建築

ロフトのある9坪ハウス（内観）

完成を祝って住民の方々と記念写真撮影（外観）

249

7 13E よせぎの家プロジェクト
Yosegi no Ie Project

　神奈川県西地域は小田原市を中心に豊かな森林を有しているが、スギノアカネトラカミキリ等による穿孔虫被害が多く、「あかね材」と呼ばれ害虫問題を抱えている。近年の調査で品質面での性能が確保できていることから、その活用を検討している。

　本プロジェクトは「応急仮設住宅への木材利用方法」及び「小田原ならではの住まいづくり」を目標に、いこいの森のキャンプ場にバンガローを新たに5棟整備することになり、災害時の応急仮設建築モデルを使って小田原産木材で整備することになった。

　5棟のうち3棟は、今回の東日本大震災の応急仮設建築として活躍したモデルを再現した。「板倉工法モデル」（筑波大学安藤研）、「ユニットモデル」（速水林業：速水氏）、「どんぐりハウスモデル」（東海大学杉本研）である。

　それに新規に開発した2棟は、「小田原ならではの住宅モデル」（神奈川県建築士事務所協会県西支部）、「積み木の家モデル」（一般公募コンペ最優秀案）である。さらに各棟を結び、アプローチとイベントスペースを兼ねたウッドデッキを整備した。このプロジェクトではあえてダメージウッドの「あかね材」を使うことによって、その利用価値を検証することができた。さらに地域材を活かしたヒノキフローリングや様々な木製品の開発を行っている。

　今後は地域材を使った「よせぎの家」のモデル開発のために、木材の確保から加工・生産・施工まで、地域が一つになって実現できることを目指して本格的な検討と実践活動を行っている。

― 杉本研モデルの「どんぐりバンガロー」 ―

　この建築は、「3.11生活復興支援プロジェクト」が開発した「どんぐりハウスモデル」を小田原産のスギ材で制作しもので、学生が設計から加工組み立てまでを担当し、地元の城北工業高校の建築クラブの生徒が加工に参加して実現した。

デッキより5棟を眺める（外観）

計 画 名：よせぎの家プロジェクト
竣　　工：2013.04
所 在 地：神奈川県小田原市
用　　途：簡易宿泊施設
構　　造：ウッドブロック構造（どんぐりバンガロー）、
　　　　　在来木造（積み木の家）、他
主要木材：ヒノキ製材
構造設計：中田滋之／中田捷夫研究室

※ 詳細なデータは巻末の作品リスト参照

森の中に点在するバンガローをウッドデッキで繋ぐ（外観）

「積み木の家モデル」下田奈祐・山内昇案：内部の木組（内観）

7　14　復興の建築

　自然災害等の被災地には、最初に暮らしの再生に向けて応急仮設建築による整備が行われる。しかし、復旧・復興の段階を迎えると、本格的な暮らしの再建の前に、先行して様々な施設整備が必要になる。こうしたニーズに対していち早く各種支援団体や民間企業が復興支援のために資金提供を申し出て、被災地のコミュニティが必要とする新たな施設を建設して寄付する機会が増えている。その意味で、復興まちづくりでは被災地のニーズを把握し、支援団体等に結びつけることが重要になる。

　今回の東北復興では、広く公開されている情報を集め、プロポーザルコンペに応募してきた。これまで各地で復興建築を手がけてきたが、国内外の木材を使って、地元の大工の手によって作れるように設計した木造建築を提案し、実現することができた。

　東北の内陸部は森林資源が豊富で、今回のように海辺のまちが大きな被害を受けている場合には、山側のまちの力を結集して、海辺のまちを支援する仕組みが構築できれば、地域材と地元の職人を活用して復興需要に対応することができ地域経済の再生と活性化に寄与できるのではないかと企画すれば、東北各地に拡められると考えた。

　しかし現実に活動を始めると、様々な課題が持ち上がった。今回は、被災規模が余りにも大きく、多様な復興需要に対して、供給側の準備が十分でなく地域資源を生かすことができず、外部からの応援が必要な状況であった。当初考えていた「地材地匠」による試みは、地元の方々も被災者であることからスムーズには立ち上がらずに、これまでの手法による整備が優先され、地域に合わせたきめ細かい対応ができていない状況である。私たちの「どんぐりハウスプロジェクト」が連休明けまでに完成できたのは、あらかじめ「ビーチハウスプロジェクト」で学生たちと準備を積み重ねてきたからだと考えている。

　その後、2016年4月14日・16日に熊本・大分地震が発生して、我が大学と学生が被災したが、その対応でも日常十分な準備が必要であることがが改めて確認できた。

　いま日本各地で、地方創生の地域活性化プロジェクトによって、地域資源を活用した事業を立ち上げているが、木材資源を活用した復興建築の活動に結びつけ、まちづくりでは防災・安全面からの取り組みが重要になると考えている。

「どんぐり子ども図書室」の 竣工時内観

キヅカイのケンチク

14 復興の建築

7　14A　名取市図書館
Natori public Library "Donguri Ann・Minna no Toshokan"

　東日本大震災の被害は津波だけでなく、地震災害でも多くの公共建築に大きな被害を与えている。名取市図書館は、2階建て鉄筋コンクリート造の旧庁舎を利活用していたために、倒壊の危険性があり使用が不可能となっていたが、東北3県全ての公共の文化施設を調査していたNPO法人「saveMLAK」のメンバーによって、最もひどい状況であると診断された。そして私たち東海大学の東北での復興支援活動を知り、私たちが開発した「どんぐりハウス」によって施設整備をする依頼が舞い込んだ。大学の資金では到底支援できる規模ではないため、資金提供を募集している団体を探し、早々にユニセフに決まり、「どんぐり子ども図書室」を企画から建設まで2か月ほどで実現させることができた。

　この建築システムは、「どんぐりハウス」のウッドブロック構法を大判パネル工法に置き換え、施工を簡略化している。更に、「どんぐり・アンみんなの図書室」の整備は、カナダツガ・パートナー協会の支援先募集に応募し、無事実現することができた。2012年1月に「どんぐり子ども図書室」蔵書2万冊で開館。2012年12月にプレハブ建築によって閉架書庫完成。2013年1月には「どんぐり・アンみんなの図書室」が蔵書2万5千冊で開館し、名取市図書館は蔵書合計5万冊でスタートした。新たな市立図書館の完成後は、地域に密着した公共施設として再利用される予定である。

　東北は小さな集落が広範囲に分散しているため、この図書館のような規模の公共施設を分散配置し、コミュニティの中心として位置づけた方が、早期に充実した暮らしを再生できるのではないかと、このプロジェクトを通じて感じている。

異なる構法システムで、並んで建つ2棟の図書館（外観）　　※ 詳細なデータは巻末の作品リスト参照

どんぐり子ども図書室：ラチスによって架構の面合成と光の拡散効果をつくり出している（内観）

竣　　工：2011.12	用　　途：図書館	主要木材：ヒノキ製材
所 在 地：宮城県名取市	構　　造：ウッドブロック・パネル構造	構造設計：渡邉須美樹／木構堂

どんぐり・アンみんなの図書室：書籍が詰まった書棚にハイサイドからの光が柔らかく差し込む（内観）

竣　　工：2012.12	用　　途：図書館	主要木材：スギ製材
所 在 地：宮城県名取市	構　　造：在来木造	構造設計：渡邉須美樹／木構堂

7　14B　南三陸ポータルセンター
Minami-Sanriku Town Portal Center

　宮城県南三陸町は、海岸に面する平地全域が津波で流され、まちの再構築が必要になり、復興計画には時間がかかっている。いち早いまちの復興のために、内陸部に、復興商店街「サンサン商店街」とバス用の交通拠点が整備された。しかし、復興まちづくりを推進するためには、来訪者と住民の交流機会を増やすために、観光交流拠点が求められた。

　このプロジェクトは、民間企業の復興支援プロジェクトのプロポーザルコンペに応募して実現したもので、現在、観光協会によって運営されている。

　復興まちづくりは、膨大な時間と費用を要する。この敷地も、将来計画では、土地のかさ上げが決定しているので、恒久施設として整備できない、何れは、まちづくりのために移転する必要があった。

　木造建築は、解体、再築することができる構造で、特殊な技術を使わなくても、工夫によって自力建設も可能になる。さらに、復興需要によって現地の資財高騰、施工者不足などが予想されため、あらかじめ工場で製造して、現場に運んで組み立てるプレハブリケーションも導入して、建設、移設が容易になる工法を開発している。

　基礎は、仮設の山留め鋼材を採用、躯体は、床パネルの上に、壁柱パネルに和トラスを架け、桁方向に壁・屋根パネルを載せる工法として工期の短縮を図った。深い庇空間のウッドデッキテラス、ハイサイドライトからの光が差し込み明るい優しい温かみのある木質空間となった。

　木架構は、切妻屋根とスパンごとに壁柱と和トランスで架け、連続性と区画性を確保している。軒先空間は、本体から登り梁を延ばして独立柱2本で支え、軽快な庇空間を実現させている。

ウッドチップ広場と一体となった施設（外観）

作 品 名：南三陸ポータルセンター
建 物 名：南三陸ポータルセンター
竣　　工：2013.07
所 在 地：岩手県南三陸町
用　　途：研修所
構　　造：在来木造
主要木材：スギ製材
構造設計：野口浩春／Legno建築設計事務所

※ 詳細なデータは巻末の作品リスト参照

和トラスが連続した多目的ホール:3つに分割できる(内観)

ウッドデッキよりも長い庇:ウッドデッキ見通し(外観)

ハイサイドライトによる明るい室内(内観)

7　14C　泊地区公民館
Tomari Community Center

　岩手県大船渡市三陸町越喜来泊区は、震災直後から支援に入り、どんぐりハウスをいち早く建設した地区である。その後、「泊区復興まちづくり委員会」を住民と一緒に立ち上げ、震災以来、毎月訪れて、復興まちづくりのお手伝いをしてきた。

　最初に、生活復興の基盤である、高台移転計画の推進が地元区民から求められ、役所とは異なる、独自の高台移転計画案を作成し、１６戸の基本設計までワークショップ形式で作成し、実施設計と施工はそれぞれ依頼した。その結果、被災地でも最も早く、安価に実現できた。その後、恒久施設の公民館を整備することになり、敷地探しから、建設資金の確保の活動にはいった。

　東北のコミュニティは「契約会」によって、住民の手で公民館が整備されている。しかし、震災の津波で流失してしまうと自力での再建が難しくなる。そこに、支援団体の資金と地元区が確保していた資金を合わせて計画が始まった。検討し始めると規模が大きくなり、予算不足が明らかになり、そのままでは実現できないので、広く支援を募集して支援者を探した。

　設計は、私の研究室の学生がボランティアで実施設計を行い、施工は資金確保から施工までに渡り関わった。資材調達は、奈良県五條市の住宅用集成材製作企業から躯体の木材の無償提供を得ることができた。またその他数社から建設資材等の支援を得ることができて実現したものである。

　建築は、住宅用集成材と金物工法を導入し、プレカット工法で構造体を加工し、施工は、地元の大工が受け、「ものづくり大学」のOB・OGの大工さんや東海大学の学生らが加わって完成させた。

　施設は、平屋建ての切り妻屋根で、集会場とその他の諸室を連続させている。水平梁と登り梁の構造材を表して船底天井として天井高さを確保している。天井の仕上にはスギ板を張り、木質の内装としている。外壁はスギ板を縦張りで、学生たちが保護塗料を塗装して仕上げている。内外が木の香る明るい木質空間とすることができた。

完成式には地元の獅子舞を披露（外観）

作 品 名：泊地区公民館
建 物 名：泊地区公民館
竣　　工：2015.04
所 在 地：岩手県大船渡市
用　　途：公民館
構　　造：在来木造
主要木材：ホワイトウッド(欧州カラマツ)集成材
構造設計：計画・環境建築

※ 詳細なデータは巻末の作品リスト参照

キヅカイのケンチク

14 復興の建築

スギ板貼りの外壁（外観）

丹底天井とした室内（内観）

7 14D 名取市下増田児童厚生施設
Natori Shita-Masuda Children's Recreational Facilities

　宮城県名取市は、震災の津波によって海岸地域を流失し、復興まちづくりが推進されている。一方、市域の内陸部には、鉄道と大型ショッピングセンターが立地しており、平坦な土地では宅地造成が進み、市域外も含めて多くの被災者と移住者が集まってきており、人口が増加している。

　そのため、学童保育施設の不足が予測できたので、市は、民間企業の資金支援を受けて、この施設の整備を推進した。幸いなことに仙台に出展する外資系の家具メーカーが東北支援事業を立ち上げたばかりで、出店に際して地域の復興支援の貢献するプロジェクトとして、事業資金をほぼ全額を提要する申し出がきていた。

　支援企業は、公募のプロポーザルコンペを開催し、何社かの応募があったが、幸いなことに、私たちの木造建築による提案が採用され、実現する機会を得ている。

　施設は、室内から屋外まで連続して使えるように、片流れの深い庇を設け、雨でも子供たちが遊べる半屋内空間を提案、ウッドテラスを介して、屋外の遊び場と繋がる、

　内部は、北側に水回りを集中させ、南側に主室が並べている。可動間仕切りで3つの部屋に分けられ、その1つが子育てママさんたちのカフェ機能を備えている。開放すると、多目的に利用でき、風と光を取り込む室内空間となっている。

　木架構は水平梁を登り梁で吊り上げる形式とし、構造材はホワイトウッドで、天井と床仕上は国産のスギ材で仕上げている。片流れ屋根を南北でずらして架け、段差には通風と排煙を兼ねた開口部をとり、子供達のための明るい木質空間が実現できた。

運動場に開放したデッキを持つ建物（全景）

作　品　名：名取市下増田児童厚生施設
建　物　名：名取市下増田児童厚生施設
竣　　　工：2015.05
所　在　地：宮城県名取市
用　　　途：集会場
構　　　造：在来木造
主要木材：スギ製材
構造設計：髙見澤孝志／ハシゴダカ建築設計
　　　　　事務所・ladderup architect

※ 詳細なデータは巻末の作品リスト参照

3分割できる多目的ホール（内観）

親子の交流コーナー（内観）

7 | 14E 結っ小屋
YUIKKOYA

　岩手県大船渡市三陸町越喜来泊地区では、応急仮設建築であった「どんぐりハウス」の仮設泊公民館を再利用のために、解体、移転させて恒久施設として整備する再築が承認され、春休みに解体移築して新たに整備した。

　泊区は、漁港の復興・高台移転地の完成・公民館の再建を実現させ、津波で流失した地区の再生に向けて動き始めた。その最初のプロジェクトとして津波到達線を結の道として整備し、地区が一望できる場所の中心に、住民の交流施設として再築したものである。

　ウッドブロック構法は、当初から解体・再築できるシステムとして開発したものだが、そのまま恒久建築としても再利用することが可能であるか確認できる良い機会となった。

　解体では、破損した箇所も多く、補修に時間を要したが、概ねこの構法の有効性を確認できた。今後は、様々な社会実験を実施していくために、ウッドデッキやピザ窯を整備し、地区の復興まちづくりを模索していく拠点として計画している。

作 品 名：結っ小屋
建 物 名：結っ小屋
竣　　工：2015.07
所 在 地：岩手県大船渡市
用　　途：集会場
構　　造：ウッドブロック構造
主要木材：ヒノキ製材
構造設計：野村圭介／東海大学諸岡研究室

※ 詳細なデータは巻末の作品リスト参照

津波到達線よりも上に建設された「結っ小屋」を見上げる（外観）

14F 小指観音堂
Kozashi Kannondo

　石巻市北上町相川・小指地区の漁港は、津波で全て流され、やっと漁業が再開されている。しかし、住民は、市街への移住や高台移転のために戻らず、かつての住宅地は、漁師の手で仮設の作業小屋が建設され、人の住まない地区になった。この地区の中心に位置する「十二面観音堂」は、すべてが流されてしまった。この土地に、「どんぐりハウス」の仮設集会場を解体して、新たに「小指観音堂」として2016年の夏休みに再整備した。泊区の解体移設でも確認できたこの工法の弱点を、今後、改良や接合方法の開発を検討してゆくことが重要であるとの認識に至った。

　漁師が交流する機会、地区住民との交流、被災地を訪れるボランティアや観光客との交流などを目的に、集会施設として整備したが、被災地への支援はまだ継続が必要である。この施設を拠点に活動を行う予定であるが、利用方法については、今後、社会実験のイベントを繰り返しながら、復興ミュニティの形成に役立つように継続してゆく予定である。

作 品 名：小指観音堂
建 物 名：小指観音堂
竣　　工：2017.02
所 在 地：宮城県石巻市
用　　途：集会場
構　　造：在来木造
主要木材：ヒノキ製材
構造設計：野村圭介／東海大学諸岡研究室

※ 詳細なデータは巻末の作品リスト参照

元の観音堂の敷地に建てられた「小指観音堂」を見下ろす（外観）

7　15　竹の建築

　竹は、地球環境の上では、熱帯から亜熱帯気候のアジアや中南米の地域を中心に生育している。3～4年と短い期間で成長し、多様な効用・効能を備えているため、食用に始まり、生活用具から建築資材まで、森林資源の中で最も多様に活用され、各地域の歴史と文化に深く関わっている。

　日本では、青森県を北限として、以南の地域に広く生育して利用され、日本独自の歴史・文化を形成している。しかしこれまで、プラスティックなどの代替え素材によって、その利用が失われてきている。その結果、竹林が放置され、森林破壊の原因とも言われ、環境問題になっている地域もある。しかし竹資源を見直すことによって、改めて成長性と有用性が再認識され、現代的利用が積極的に研究されるようになっている。

　日本では、自然素材の中でも、竹資源が豊富に確保できたために、古来より建築材料として駆使されてきた。にも関わらず、法規制によって構造材として利用できない。それは、竹材を専門的に研究する体制が遅れ、建築材料のJAS認定が取得されていないので、建築の主要構造としての活用の道が閉ざされてきた。

　一方、世界では木材に次ぐ建築材料として注目され、多くの現代建築が竹材を使って作られている。こうした状況を打開するため、2005年に開催された「愛知万国博覧会（愛・地球博）」では、博覧会のテーマである「自然の叡智」を具現化させるために、総合プロデューサーの泉眞也氏（1930-）と木村尚三郎氏（1930-2006）の二人と、チーフプロデューサー福井昌平氏（1946-）が中心となって、持続可能な地球環境の観点から「バンブープロジェクト」を立ち上げた。政府出展の「日本館」と世界で活躍するNPO/NGOが出展する「地球市民村」で、建築に竹材を活用するプロジェクトを実施することになった。次に、2010年に開催された「上海国際万国博覧会」でも、竹材と竹集成材によるパビリオン建築が披露され、竹材の現代建築への活用の道が開かれてきている。

　世界的には、木材資源が減少することが予測されており、21世紀中頃には、促成栽培できる竹資源の活用が重要になると期待されている。そのためにも日本は、森林の未利用資源の一つとして、建築への利用を積極的に研究・開発することが求められている。今後、博覧会を契機に、環境・産業・文化・国際交流等の面で、積極的に推進できれば、竹資源の豊富な地域をはじめ、地球全体に貢献できる「バンブープロジェクト」に育成できる。日本が21世紀で取り組むべき大きな課題であるので、私の次の挑戦分野にしたいと考えている。

愛・地球博「地球市民村」の竹材ドーム架構

15 竹の建築

キヅカイのケンチク

7 | 15A 地球市民村
NGO Global Village

　愛知県で開催された「愛知万国博覧会（愛・地球博）」は、「自然の叡智」をテーマとしている。それを具現化したプロジェクトが、「地球市民村」である。ここには、世界のＮＰＯ／ＮＧＯが集結し、持続可能な社会をつくるため、様々な情報や知恵が発表された。建築は、竹材を主に、木材などを使ったハイブリッド建築である。

　日本の「里山」は、自然と共存する環境モデルとして、新しい時代の姿が示せると考えたので、「竹」と「茶」に注目して、プロジェクトに取り組んだ。特に、「愛・地球博」の初期段階で、協会に対して「バンブープロジェクト」が採用されたことで実現することができた。

　「地球市民村」は、「自然・環境」・「国際交流・協力」・「持続可能性」をテーマとする世界のＮＧＯ／ＮＰＯの活動を紹介し、交流する場である。会場は、既存施設を使った「出会いと交流」のセンターハウスと、新たに建設した「体験と交流」の屋外展示施設の２つのゾーンで構成している。

　センターハウスには、竹材で格子組みした半ボールト屋根を架けた「ナチュラルフードカフェ」を外部に増築し、会場全体が望めるように計画した。

　野外展示施設は、茶畑と竹林を周囲に配置し、中心部に、祭りが催される「大地の広場」とその周辺に、５棟のパビリオンと１棟のワークショップホールの合計６棟を配置し、さらに「竹の回廊」で繋いで、集落型の施設構成とした。

　パビリオン建築は、双子の竹材格子組の卵型ドーム架構の外郭の中に、集成材フレームと竹格子壁で構成した長方体空間を内包させた２重殻構造である。竹材ドーム架構で吊り上げられたテント屋根、竹材格子と乳白色のＦＲＰ波板の半透明壁によってニュートラルな展示空間と、環境に配慮して、夜の行燈状の明かり効果を演出している。一方、「竹の回廊」は、自立するＴ型集成材フレームに、ＦＲＰ波板をはさんだ竹材格子組を載せ、連続した庇空間としている。

５つの双子ドームが点在するパビリオン群（全景）

作 品 名：地球市民村
建 物 名：2005年日本国際博覧会 愛・地球博「地球市民村」
竣　　工：2005.03
所 在 地：愛知県長久手市（撤去済）
用　　途：展示場・集会場・飲食・公園
構　　造：竹材ドーム＋ベイマツ集成材ラーメン＋吊りテント構造
主要木材：竹・ベイマツ集成材
構造設計：中田捷夫／中田捷夫研究室

受　　賞：第２回日本イベント大賞特別賞

※ 詳細なデータは巻末の作品リスト参照

竹材の双子ドームのパビリオン（外観）

観覧車をバックに、あかりを灯す竹材ドーム（夜景／外観）

8　最後に

　この本では、私がこれまで全国各地で関わってきた木造建築を中心に、社会的背景も含めて紹介しました。ここに至るまでには、地域の人々と出会い、地域で育まれてきた森林、木材を切り出す木こり、木材を見極めた製材職人、木材を魔法のような技で組み上げる大工、取り上げればきりがないほどの多くの人々との出会いと協働がありました。

　そして、その木材を活かすためは木材の性能・防腐・防火などの研究者や木造建築の経験豊富な構造家などとの協働作業がなければ、私の発想など日の目を見ることがなかったと思います。こうした「木なりわい（生業）」の方々に関わっていただいたからこそ、実現できたのであって、地域ひとつ、木材のひとつ、木に関わる人が誰ひとり欠けても、これらの木造建築はこの世に生まれてこなかったであろうし、もしできたとしても、関わり方が変わるので、まったく異なる姿になったと思います。

　その意味では、どの木造建築を一つ取り上げても、誕生への物語りが存在しており、「木」と「人」の繋がり、「木」と「技」の出会い、「木」と「夢」の挑戦など、数多くの交わされた言葉や出来事が思い起こされます。従って、木造建築と共に、その出来事を記録に書き残し、少しでも木造建築の魅力と可能性について気づいていただき、後世に引き継いでもらえるように伝える役割があるとの思いから、私の経験を紹介することに意義があると考えるようになり、本書の出版を決意しました。

　本書のタイトルは、これから新たな視点に立つため、あえてカタカナ表記にしました。これからの建築を考える上では、地球環境といったグローバルな視点から捉え、それを、ローカルな視点に立脚して、個別地域の最適化を図る循環型社会の構築が求められます。地域の森林・林業を背景に、木材・製材関連産業、建設産業などを繋ぐカスケード（多段階）利用を推進し、社会に「木づかい」を広めて行けるような、木造建築のあり方を考え、提案することを願って、「キヅカイのケンチク」としました。

私たちの人生は、長寿社会になっても約100年程度です。それに比べ木材は、その何倍もの長い期間に亘り地球環境の中で育まれます。その長い時間の経過によって、環境の変化や施業の変遷が刻み込まれ、遺伝子のように記憶が残されています。それらの木材が建築となって建ち上がるためには、木材を「裁く（さばく）」ための匠の知恵も存続しなければならず、そうした経過が統合されることによって初めて、私たちに伝わります。ですから、それぞれの実現に関わった人々との「出会い」や「感動」といったものを、できるだけ多くの人々に共有してもらいたいと考えています。

　実は、本書の企画は、50歳を過ぎあたりから考え始め、大学で若い学生たちと一緒に学ぶ機会を得たことで、自らの木造建築を一つひとつ見直すことができました。ここで紹介している木造建築は、作品紹介、技術解説などについては、すでに、多くの雑誌や書籍で取り上げられており、詳しくは、そちらをお読みいただいた方が、深く理解して戴けると思いますが、本書では、木造建築の普及拡大を推進する意味を込めていることから、広く社会の皆様に知っていただくことが重要であると考えていますので、できるだけ特徴のある事例を中心に掲載しています。

　近年、日本では、2010年に「木材利用促進法」が施行、翌年2011年に「東日本大震災」が発生、その後も、各地で自然災害に見舞われています。災害の度に、機会を探して、復興支援活動の中で、仮設建築や復興建築に地域材を活用することを提唱してきました。従って、この本によって、森林国家である日本の取り組むべき課題、木造建築の復権を、これまで関わった人々の思いと共に、少しでも伝えられれば幸いです。

　思い起こせば、建築を目指して大学に入り、学生時代に、大学教員の建築家吉田研介氏との出会いを契機に、建築の面白さを学び、大学院に進学して、建築家川添智利氏に師事、教育施設を中心に研究、そして、世界の建築家団体UIA等の活動を通じて、建築家の姿勢を学ぶことができました。

その後、当時、鬼才と言われていた建築家木島安史氏に出会い、社会の見方、建築の着想、建築家の姿勢などを学び、さらにパートナーであった建築家橋本文隆氏からは、建築デザインや実務設計の手解きをいただきました。その後も建築界のみならず、各界に亘る多くの方々から示唆に富んだご指導をいただく機会を得ることによって、一途に、建築家への道を進んできたように思います。そして、手掛けた建築は、なぜか木材を使うことが多く、いつの間にか、全国各地の川上から川下までに渡り深く関わるようになりました。

　「なぜ木造をやるの？」「木造でなければなぜいけないの？」「木造しかできないの？」などなど、声をかけられることも多く、自問自答している毎日で、そうしたお声をかけてくださった皆さんへのお答えになれば良いと思っています。日本における森林、林業、製材業、木材産業に関わる皆さんとの出会いなくして、本書をまとめる機会もなかったと思います。十数年を過ぎてしまいましたが、出版できたことを大変うれしく思います。

　最後に、2011年3月11日に発生した東日本大震災への支援活動に取り組んで6年以上が経過しました。復興は、まだ充分ではない状況です。そこに、2016年4月14・16日、熊本・大分地震が発生し、私の大学でも3名の学生の尊い命が失われるなど、多くの被害を受けてしまいました。本書で紹介している木造建築も含めて、熊本県で手がけてきた建築の総数を数えると21件にも及ぶことが分かりました。各方面の報告から、被災状況が異なるものの、存続して無事であることが把握できて、一安心しています。

　被災地における、まち・コミュニティ・建築が、一日でも早く復興できることを願いながら、今後も、復旧・復興を支援していくことを、新たな決意としています。今なお、国内各地において自然災害が頻発している状況にあります。今後も、大きな災害が予測されています。その意味では、日常におけるレジリエンスが、社会に求められててくると思います。新たな課題として、一緒に取り組んでゆかなければならないと考えています。

改めて、森林国家である日本の豊かさに気づき、この国が、それを忘れていたことが明らかになりました。その意味では、これまでの自分の歩んだ建築の道を見つめ直すよい機会になり、貴重な時間を得ることができました。本書を出版することによって、改めて建築が担う社会的な役割を再認識する機会となりました。

　本書の誕生に際して、企画当初から関わっていただいた東海大学出版部の稲さん。そして長期間に亘る作業に於いて、私の遅筆を温かく見守って編集作業とアドバイスをしてくれた今村さん。再三に亘り原稿をチェックいただいた岩崎さん。㈱計画・環境建築の澤崎社長をはじめ、本書に掲載している木造建築を一緒につくり、資料集めに奔走してくれた㈱計画・環境建築の所員ならびに OB・OG の皆さん。特に中心的に担当してくれた吉田さん、井坂さん、木﨑さん。そして、大学の杉本研究室の各年代のメンバーの皆さんに対して、感謝の気持ちでいっぱいです。

　私の人生で最初に木材と出合わせてくれた祖父、温かく見守ってくれた両親、私の建築家の人生を温かく応援してくれた妻と家族、私を長年に亘り支えてくださった皆様に感謝を申し上げて、御礼の言葉としたいと思います。

2017 年吉日　研究室にて　杉本洋文

付録

株式会社 計画・環境建築
歴代スタッフ

木島安史	井上右	柴崎聡子
橋本文隆	奥野美樹	永野多希恵
木島ふじ子	岡田洋一	松谷宏之
	春口敬	藤本昇三
村田眞一	長島隆一	大舩円
松本孝子	木村拓	大西裕美
林皆子	吉田眞	渡辺玄
宮内古勝	下田貞幸	岡村和己
太田照己	井上美紀	鬼頭文江
栂野秀一	遠藤里美	森亜紀
高木淳二	H.Clayton Gandy	荒井有紀子
鶴間美穂	清水雅一	山口雅子
金子潔	山岸三千代	板沢均
古見演良	鶴崎直樹	笹尾晃二
岡崎恭子	草柳とみ	長谷川正和
南高之	花島伸幸	高橋一総
澤崎宏	名古屋有司	田中淳
広瀬正人	菊池武	森周子
古作幸子	横村宜江	藤本美由紀
村田義郎	梅田健之	池智大
小島和彦	村上誠一	信田健太
衣川伸二	瀬川洋一郎	森屋隆洋
喜納リカルド	山根いずみ	桜井寛
渋谷正弘	平栗美華栄	井坂美貴
若林香住	富永哲史	下田奈祐
竹内康子	寺山彰訓	阿部彩華
小石川敏	松井信也	木﨑美帆
松坂俊一	中野渡創子	
浜村哲朗	熊谷泰宏	

キヅカイのケンチク

東海大学工学部建築学科
杉本研究室・SLAB
歴代メンバー

1期生
- 安部竜也
- 井出翔吾
- 木村基
- 小宮匠
- 鴫原憲法
- 信田健太
- 龍村悟
- 細田達也
- 森屋隆洋
- 小森覚

2期生
- 坂倉忠洋
- 笹部靖浩
- 杉和也
- 鈴木英晃
- 竹間久敦
- 橋井慶

3期生
- 青木仁美
- 秋岡雄一
- 岩井徹郎
- 大貫由貴
- 嘉村知恵
- 岸勇樹
- 菰田裕太
- 小平奈美
- 志村俊樹
- 田中恵美
- 穂積俊明
- 宮本達弥

4期生
- 阿部順菜
- 石井浩基
- 久保田将
- 小井戸篤史
- 坂本大紘
- 高橋秀太
- 田村友里
- 松坂綾子
- 山浦裕介
- 山懸諒太
- 山口雄之

5期生
- 親松直輝
- 北田明穂
- 小林峻
- 井手美祐紀
- 篠原佑典
- 瀬谷匠
- 鞭木崇人
- 山脇仁美
- 渡邉知美
- 奈良由加
- 濱田龍二朗
- 原田絵里子
- 渡邊建夫

6期生
- 浅見雅士
- 石塚栄樹
- 伊藤匠
- 稲葉諒
- 影沢英幸
- 黒木未来
- 櫻井愛
- 島田浩平
- 谷崎良介
- 玉井秀樹
- 千葉美希
- 川崎智

7期生
- 秋田彩絵
- 狩野翔太
- 川崎優太
- 熊崎雄大
- 桜井寛
- 笹目宗
- 塩野俊介
- 下田奈祐
- 田中祐也
- 中澤亨
- 堀江亮太
- 山内昇
- 米山春香
- 渡邉光太郎

8期生
- 青木香菜子
- 井坂美貴
- 石川雄斗
- 荻原啓史
- 齋藤啓介
- 柴田彩花
- 高橋瑛大
- 長谷地茉莉菜
- 森翔馬

9期生
- 新井千瑛
- 笠間友樹
- 金子知愛
- 北村海
- 北島圭
- 木村翔太
- 佐々木翔
- 樋田卓哉
- 林健太郎
- 土方拓海
- 本田梨奈
- 本間聖崇

10期生
- 井上大輔
- 金子健太郎
- 小林拓人
- 千葉康太
- 辻川巧
- 中津川毬江
- 萩原有優
- 広瀬貴也
- 村田幸優
- 山中文睦

11期生
- 内堀克哉
- 楠見湧人
- 倉冨雅
- 佐藤萌々
- 曽我匠
- 平尾圭賛
- 平山栄葵
- 深尾日出海
- 福田将大
- 松永磨璃子
- 丸山拓
- 村上真緒
- 山中くるみ

12期生
- 磯辺篤儀
- 稲葉理夏
- 上原一輝
- 亀井順司
- 川根瞭太
- 中根弥緒可
- 花塚優人
- 平吹達也
- 山口竜生
- 山本健人

13期生
- 石川歩
- 岩村亮
- 沖田俊介
- 片岡優太
- 菊池健太
- 小泉綾花
- 小松未依
- 砂田雅和
- 末武大輝
- 住吉優弥
- 高橋和宏
- 田邊大岳
- 丹友輝典
- 花田悠晟
- 藤澤徹也
- 向井万幾
- 安田有希

（五十音順）

付録

キヅカイのケンチク

編集・装幀	今村 壽博
編集補助	吉田 眞／株式会社 計画・環境建築 井坂 美貴／株式会社 計画・環境建築 木﨑 美帆／株式会社 計画・環境建築
協力	岩崎 博
出版協力	財団法人 日本木材総合情報センター カナダ産業審議会 東海大学チャレンジセンター
引用	建築知識 2013 年 6 月号を加筆修正　（本書 5 章 p56〜p65） 新建築 2008.11 特集論文「木造建築の魅力と可能性」を加筆修正 　　　　　　　　　　　　　　　　　（本書 6 章 p68〜p74）
出典	Cree 社　／　p42　Life Cycle Tower 写真及びパース 世界リゾート博協会「1994 世界リゾート博公式記録」より／p150　p151 上 ゆ宿 藤田屋　／　p236 外観写真、p237 内観写真
イラスト	村田 眞一　　p12「寿狸庵」
図版	木﨑 美帆　　p21、p22、p24、p25、p53、p56、p57
作品年表・リスト	井坂 美貴・木﨑 美帆（株式会社 計画・環境建築）

写真	今村 壽博	：p204、p205上下、p230、p231、p232、p233上下、p241、p246、p247下
	鏡野町	：p136
	木田 勝久	：p254
	株式会社 計画・環境建築	：p81、p73右下左下、p74右下左下、p94、p95、p97上下、p103、p104、p105p、106上下、p107、p108、p109、p110上下、p111、p117、p118、p119上下、p120、p125下、p126、p127上下、p133、p135、p146、p147上下、p149、p153上下、p155上下、p156、p157、p159、p160、p161上,左下、p164上下、p166、p167、p169、p170上下、p171、p172上下、p173、p175、p176、p177、p178、p180、p182、p183上下、p185、p186、p187、p189、p190、p191上下、p192、p193、p194上下、p195、p196、p197、p198、p199、p200上下、p201上下、p202、p203、p208、p209、p210、p211、p212、p213、p214、p215上下左右、p216、p217上下、p218、p219上下左右、p225、p226、p227、p228、p229上下、p225、p226、p227、p228、p229上下、p235、p238、p239上下、p242左右、p243上下、p244、p245上下、p247上中、p248、p250上下、p251、p252、p253、p254、p255、p256、p257、p258全、p259、p260、p261上下、p262、p263、p265、p266、p267
	小林 浩志	：p82、p83、p84、p85、p86上下、p87上下、p89、p90、p91、p92上下、p93上下、p112、p113上下、p114、p115、p123上下、p124上下、p125上、p137、p138、p139上下、p140上下、p141、p142上下、p143、p144上下、p145上下、p152、p162、p163、p165上下
	小林 義明／Studio JUIN	：p128、p129、p130、p131上下、p132上下
	杉本 洋文	：p14〜p51（p42以外）
	新建築社写真部	：p80、p121上下、p188、p189
	株式会社 栃木プロジェクトプロ	：p179、p181上下
	竹中 雅治／登米町森林組合	：p253
	博覧会協会	：p80、p122、p150、p151上下
	前田建設工業 株式会社	：p98、p99、p100、p101上下
	安川 千秋	：p207、p221、p222、p223
	（五十音順）	

キヅカイのケンチク

著者　建築家　杉本 洋文

1952 年　神奈川県生まれ
東海大学大学院工学研究科修士課程修了

東海大学工学部建築学科 教授
株式会社 計画・環境建築 代表取締役会長
一級建築士

国土交通省「公共建築物における木材利用推進に関する懇談会」委員
林野庁 森林技術総合研修所 講師
国土交通省 国土交通省大学校 講師
奈良県「奈良の木大学」講師
一般社団法人 ローカルファースト財団 副理事長
NPO 法人 木の建築フォーラム 理事
NPO 法人 アーバンデザイン研究体 理事長
NPO 法人 小田原まちづくり応援団 副理事

主な著書
「地域創生は公共施設の木材利用で！」全国市長会機関誌「市政」(2016)
「木造建築時代の到来　中・大規模木造建築の可能性と展望」(6 回連載) 日本住宅新聞 (2015)
「どんぐりハウス」東海大学出版会 (2013)
「木づかいの建築」(4 回連載) 一般社団法人建築研究振興協会 (2013)
「被災地と共に歩む」東海大学出版会 (2012)
「復興まちづくりの知恵袋」ＮＰＯ法人アーバンデザイン研究体 (2011)
「木造の復権に向けた現況と課題」財団法人経済調査会 (2011)
「木造建築のデザインを考える」公共建築 (2010)
「木造建築の魅力と可能性」㈱新建築社 (2007)
「竹の建築」東海大学研究紀要 (2005)
「マチとモリをつなぐ」㈱新建築社 (2003)
「'き'づかいの建築」日本建築家協会 (1999)

Ⓒ 2017 Hirofumi SUGIMOTO

発　行　2017 年 9 月 10 日　第 1 版第 1 刷発行

著　者　　杉本 洋文

発行者　　橋本 敏明

発行所　　東海大学出版部
　　　　　〒 259-1292　神奈川県平塚市北金目 4-1-1
　　　　　TEL 0463-58-7811
　　　　　URL http://www.press.tokai.ac.jp/
　　　　　振替 00100-5-46614

印刷所　　港北出版印刷 株式会社

製本所　　誠製本株式会社

ISBN978-4-486-02117-9

・ JCOPY ＜出版者著作権管理機構 委託出版物＞
本書（誌）の無断複製は著作権法上での例外を除き禁じられています．複製される場合は，そのつど事前に，出版者著作権管理機構（電話03-3513-6969, FAX 03-3513-6979, e-mail: info@jcopy.or.jp）の許諾を得てください．